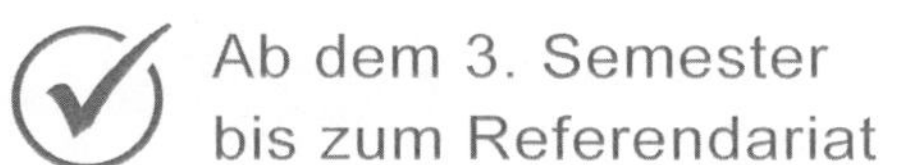

KOMPAKT Landesrecht

Sachsen

Prüfungsschema • Definitionen • Probleme

Dr. Dirk Kues

5. Auflage

Jura Intensiv Verlags UG & Co. KG, Dinslaken, September 2024

Herr **Dr. Dirk Kues** ist Rechtsanwalt und Franchisenehmer des Repetitoriums **JURA INTENSIV** in Frankfurt, Gießen, Heidelberg, Mainz und Marburg. Er wirkt seit über 20 Jahren als Dozent des Repetitoriums und ist Redakteur der Ausbildungszeitschrift RA – Rechtsprechungs-Auswertung. Ferner ist er Autor der Crashkurs und Kompaktreihe im Öffentlichen Recht sowie Co-Autor der Skripte Verwaltungsrecht AT, Verwaltungsprozessrecht und der Basis-Fälle Verwaltungsrecht AT & Verwaltungsprozessrecht aus der **JURA INTENSIV** Skriptenreihe.

Autor
Dr. Dirk Kues

Verlag und Vertrieb
Jura Intensiv Verlags UG (haftungsbeschränkt) & Co. KG
Duisburger Straße 95
46535 Dinslaken
info@verlag.jura-intensiv.de
www.verlag.jura-intensiv.de

Druck und Bindung
Druckerei Busch GmbH, Raiffeisenring 31, 46395 Bocholt

ISBN 978-3-96712-175-9

Inhalt

VERWALTUNGSPROZESSRECHT

1. Teil: Klageverfahren

Gutachten: Auf die Fallfrage „Hat die Klage Aussicht auf Erfolg?“ lautet der Obersatz: „Die Klage hat Erfolg, soweit sie zulässig und begründet ist“.

PRÜFUNGSSCHEMA

GRUNDSCHEMA ANFECHTUNGSKLAGE, § 42 I 1. Fall VwGO

A. Zulässigkeit der Klage
- **I. Eröffnung des Verwaltungsrechtswegs**
  - **1. Justizfreie Hoheitsakte**
  - **2. Aufdrängende Sonderzuweisungen**
  - **3. Generalklausel, § 40 I 1 VwGO**
  - **4. Abdrängende Sonderzuweisungen**
- **II. Statthafte Klageart, § 42 I 1. Fall VwGO = Aufhebung eines VA i.S.d. § 35 VwVfG**
- **III. Klagebefugnis, § 42 II VwGO**
- **IV. Erfolgloses, ordnungsgemäß durchgeführtes Vorverfahren, §§ 68 ff. VwGO**
  - **1. § 54 II 1 BeamtStG bzw. § 126 II 1 BBG**
  - **2. § 68 I 2 VwGO**
  - **3. § 75 VwGO (sog. Untätigkeitsklage)**
- **V. Klagegegner, § 78 I Nr. 1 VwGO**
- **VI. Beteiligungs- und Prozessfähigkeit, §§ 61, 62 VwGO**
- **VII. Klagefrist, § 74 I VwGO**

B. Objektive Klagehäufung, § 44 VwGO

C. Subjektive Klagehäufung bzw. Streitgenossenschaft, § 64 VwGO i.V.m. §§ 59 ff. ZPO

D. Beiladung, § 65 VwGO

E. Begründetheit der Klage
- **I. Ermächtigungsgrundlage für den VA**
- **II. Formelle Rechtmäßigkeit des VA**
  - **1. Zuständigkeit**
  - **2. Verfahren**
  - **3. Form**
- **III. Materielle Rechtmäßigkeit des VA**
  - **1. Tatbestand**
  - **2. Rechtsfolge**
- **IV. Rechtsverletzung**

PRÜFUNGSSCHEMA

SCHEMA MIT DEFINITIONEN UND PROBLEMÜBERSICHT

Anfechtungsklage - Verwaltungsrechtsweg

A. Zulässigkeit der Klage

(P) Maßgeblicher Zeitpunkt für die Beurteilung der Zulässigkeit

I. Eröffnung des Verwaltungsrechtswegs

1. Justizfreie Hoheitsakte

DEFINITION
Hoheitsakte, die vor Gericht nicht angegriffen werden können (z.B. Art. 44 IV 1 GG).

2. Aufdrängende Sonderzuweisungen

§ 54 I BeamtStG für Landesbeamte (z.B. Lehrer, Landespolizisten), § 126 I BBG für Bundesbeamte (z.B. Bundespolizisten)

3. Generalklausel, § 40 I 1 VwGO

a) Öffentlich-rechtliche Streitigkeit (Abgrenzung zum Zivilrecht) – Theorien:

- Modifizierte Subjektstheorie bzw. Sonderrechtslehre

DEFINITION
Die **streitentscheidende Norm** muss **ausschließlich** einen **Hoheitsträger berechtigen oder verpflichten**.

(P) Öffentliches Recht = Sonderrecht des Staates

- Subordinationstheorie bzw. Über-/Unterordnungslehre

DEFINITION
Es liegt eine **eindeutig hoheitliche Handlungsform** vor (z.B. VA) oder die umstrittene Maßnahme erging in einem **eindeutig hoheitlichen Rechtsbereich** (z.B. POR).

(P) Was sind eindeutig zivilrechtliche Handlungen?

- Sachzusammenhang/actus contrarius bzw. Kehrseitentheorie

DEFINITION
Wird eine hoheitliche Maßnahme aufgehoben, ist die Aufhebung ebenfalls hoheitlich.

Gutachten: In einer Klausur wählt man die Theorie, mit der sich die öffentlich-rechtliche Streitigkeit am schnellsten begründen lässt.

b) Nichtverfassungsrechtlicher Art

DEFINITION
Es dürfen keine am Verfassungsleben Beteiligten um Rechte und Pflichten streiten, die unmittelbar in der Verfassung geregelt sind (sog. **doppelte Verfassungsunmittelbarkeit**).

4. **Abdrängende Sonderzuweisungen**
Art. 14 III 4 GG, § 40 I 2 VwGO i.V.m. § 46 SächsPBG/§ 52 SächsPVDG, § 40 II 1 VwGO (Staatshaftungsrecht)

Ⓟ § 23 I 1 EGGVG

DIE WICHTIGSTEN PROBLEME – LÖSUNGSANSÄTZE

Ⓟ Maßgeblicher Zeitpunkt für die Beurteilung der Zulässigkeit der Klage
Maßgeblich ist der Zeitpunkt der letzten mündlichen Verhandlung (bis zur letzten Gerichtsinstanz). Möglich: Klage kann bei Klageerhebung unzulässig sein, aber noch zulässig werden (oder umgekehrter Fall).
[Fall: Ein unter Betreuung stehender, prozessunfähiger Kläger erhebt ohne Zustimmung seines Betreuers die Klage, der Betreuer genehmigt aber im Nachhinein die Klageerhebung → Klage ist zulässig.]

Ⓟ Verwaltungsrechtsweg/Öffentlich-rechtliche Streitigkeit - Modifizierte Subjektstheorie bzw. Sonderrechtslehre
Öffentliches Recht ist das Sonderrecht staatlicher Organe, während **Zivilrecht „Jedermannsrecht"** ist. Streitentscheidend ist die Norm, die die Ermächtigungsgrundlage für das umstrittene hoheitliche Handeln ist.

BEISPIEL: §§ 48, 49 VwVfG berechtigen ausschließlich den Staat, einen VA aufzuheben, sodass sie Vorschriften des öffentlichen Rechts sind. § 433 BGB ermöglicht es hingegen jedermann, Privatpersonen wie auch dem Staat, einen Kaufvertrag zu schließen. Folglich gehört § 433 BGB zum Zivilrecht.

Ⓟ Verwaltungsrechtsweg/Öffentlich-rechtliche Streitigkeit - Subordinationstheorie bzw. Über-/Unterordnungslehre
Eindeutig zivilrechtliche Handlungen der Verwaltung sind z.B. Kauf von Büromaterial (sog. **fiskalische Hilfsgeschäfte**) oder erwerbswirtschaftliche Betätigungen der Verwaltung
Gutachten: In einer Klausur wählt man die Theorie, mit der sich die öffentlich-rechtliche Streitigkeit am schnellsten begründen lässt. Denn: in einer öffentlich-rechtlichen Klausur liegt sowieso immer eine öffentlich-rechtliche Streitigkeit vor.

Ⓟ Abdrängende Sonderzuweisungen - § 23 I 1 EGVG
Abgrenzung präventives ↔ repressives Handeln der Polizei
Präventives Handeln = POR.
Repressives Handeln = StPO.
In Zweifelsfällen **Schwerpunktbildung** nach Anlass und Zielrichtung des behördlichen Handelns.
Gutachten: § 23 I 1 EGGVG ist nie einschlägig, weil ansonsten ab hier eine Strafrechtsklausur geschrieben würde.

PRÜFUNGSSCHEMA

SCHEMA MIT DEFINITIONEN UND PROBLEMÜBERSICHT

Anfechtungsklage – Statthafte Klageart

A. Zulässigkeit der Klage

I. Eröffnung des Verwaltungsrechtswegs

II. Statthafte Klageart, § 42 I 1. Fall VwGO = Aufhebung eines VA i.S.d. § 35 VwVfG

Gutachten: Liegt eindeutig ein VA vor, wird dies mit einem Ergebnissatz festgestellt („Die dem Kläger erteilte Beseitigungsverfügung für seine Garage ist ein Verwaltungsakt i.S.v. § 35 S. 1 VwVfG"). Ist ein VA-Merkmal problematisch, wird nur dieses problematische VA-Merkmal genauer untersucht („Fraglich ist allein, ob die behördliche Maßnahme die erforderliche Regelungswirkung besitzt.").

1. Wichtige VA-Merkmale

a) Behörde

Legaldefinition in **§ 1 IV VwVfG**. Konkretisierende Merkmale:

- Einsetzung durch Hoheitsakt
- Unabhängig von einem Mitgliederwechsel
- Handelt unmittelbar im eigenen Namen nach außen
  - Ⓟ Gemeinderat
  - Ⓟ Beliehener und Verwaltungshelfer
- Übt Verwaltungstätigkeit aus, d.h. keine Gesetzgebung oder Respr.

b) Regelung

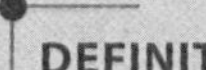

DEFINITION

Rechtsverbindliche Anordnung, die auf die Setzung einer **Rechtsfolge** gerichtet ist, d.h. Auferlegung einer Pflicht (z.B. Platzverweis, Abrissverfügung), Verleihung eines Rechts (z.B. Baugenehmigung) oder verbindliche Feststellung der Rechtslage (z.B. Feststellung der dauerhaften Dienstunfähigkeit eines Beamten).

Gegenbegriff: Realakt, z.B. Auskunft.

Ⓟ Standardmaßnahmen im POR

Ⓟ Verwaltungsvollstreckung

c) Einzelfall

Dieses VA-Merkmal dient der Abgrenzung vom Gesetz

Ⓟ Allgemeinverfügung, § 35 S. 2 VwVfG

Ⓟ Abgrenzung formelle ↔ materielle Gesetze

Ⓟ Abgrenzung Satzung ↔ Rechtsverordnung (RVO)

Ⓟ Abgrenzung Allgemeinverfügung ↔ materielle Gesetze

d) **Außenwirkung**

DEFINITION
Maßnahme muss **final** darauf gerichtet sein, Rechtswirkungen bei einer Person zu erzeugen, die außerhalb des handelnden Verwaltungsträgers steht.

Gegenbegriff: Verwaltungsinternum und Rechtsreflex.

Ⓟ Sonderstatusverhältnis

2. **Gegenstand der Anfechtungsklage, § 79 VwGO**

Ⓟ Reformatio in peius/Verböserung

3. **Inhalts- und Nebenbestimmungen**

Ⓟ Abgrenzung Inhaltsbestimmung ↔ Nebenbestimmung

Ⓟ Nebenbestimmung: Abgrenzung Bedingung ↔ Auflage

Ⓟ Anfechtbarkeit von Inhalts- und Nebenbestimmungen

DIE WICHTIGSTEN PROBLEME – LÖSUNGSANSÄTZE

Ⓟ VA/Behörde – Gemeinderat

Gemeinderat ist grds. nicht Behörde der Gemeinde, weil seine Beschlüsse noch durch den Bürgermeister (BM) umgesetzt werden müssen. Folglich ist der **BM grds. die Behörde der Gemeinde**. Ausnahme: Beschluss des Gemeinderats wirkt direkt, bedarf also keiner Umsetzung, z.B. Umbenennung einer Straße.

Ⓟ VA/Behörde – Beliehener und Verwaltungshelfer

Beide sind Personen des Privatrechts, die Hoheitsrechte ausüben. Der **Beliehene** tut dies im **eigenen Namen**, ist damit selbst Behörde (z.B. Prüfer des TÜV), wohingegen der **Verwaltungshelfer** im **fremden Namen** handelt und damit nicht selbst Behörde ist, sondern nur für eine Behörde handelt (z.B. Abschleppunternehmer).

Ⓟ VA/Regelung – Standardmaßnahmen im POR

Die meisten Standardmaßnahmen haben Regelungswirkung, weil sie Pflichten auferlegen (z.B. Platzverweis) oder vor ihrer Durchführung ein ausdrücklicher Befehl ergeht (z.B. „öffnen sie die Tür"). Demgegenüber fehlt Regelungswirkung bei heimlich durchgeführten Maßnahmen wie der Observation.

Ⓟ VA/Regelung – Verwaltungsvollstreckung

Ersatzvornahme und unmittelbarer Zwang sind Realakte, enthalten keine konkludente Duldungspflicht (z.B. „dulde, dass ich dich schlage"). Androhung der Vollstreckung ist hingegen ein VA, weil die Verwaltung sich damit verbindlich für ein bestimmtes Zwangsmittel entscheidet. Ebenfalls VA ist die Festsetzung eines Zwangsmittels (z.B. des Zwangsgeldes).

Ⓟ VA/Einzelfall – Allgemeinverfügung, § 35 S. 2 VwVfG
§ 35 S. 2 VwVfG beinhaltet drei Fälle: **adressatenbezogene** Allgemeinverfügung („bestimmten oder bestimmbaren Personenkreis“, z.B. Auflösung einer Versammlung), **sachbezogene** Allgemeinverfügung bzw. dinglicher VA („öffentlich-rechtliche Eigenschaft einer Sache“, z.B. Umbenennung einer Straße, Widmung einer öffentlichen Straße), **benutzungsregelnde** Allgemeinverfügung („Benutzung durch die Allgemeinheit“, z.B. Verkehrszeichen).

Ⓟ VA/Einzelfall – Abgrenzung formelle ↔ materielle Gesetze
Formelle Gesetze sind **Parlamentsgesetze**, also Gesetze vom Bundestag oder Landtag (förmliches Gesetzgebungsverfahren). **Materielle Gesetze** stammen von der **Verwaltung** (Satzung und RVO).

Ⓟ VA/Einzelfall – Abgrenzung Satzung ↔ RVO
Satzungen ergehen, wenn eine Gemeinde ihre **Selbstverwaltungsaufgaben** per Gesetz regelt (z.B. Bebauungsplan gem. § 10 I BauGB). **RVO** betreffen demgegenüber **staatliche Aufgaben**, die der Gemeinde übertragen wurden (z.B. POR).

Ⓟ VA/Einzelfall – Abgrenzung Allgemeinverfügung ↔ materielle Gesetze
Entscheidend ist, ob ein konkreter Sachverhalt geregelt wird (dann Allgemeinverfügung) oder unendlich viele Sachverhalte (dann RVO oder Satzung).

Ⓟ VA/Außenwirkung – Sonderstatusverhältnis
Sonderstatusverhältnis = besondere Nähebeziehung zum Staat (z.B. Beamter, Richter). Maßnahmen gegenüber solchen Personen haben nur **Außenwirkung**, wenn der Adressat in seiner **persönlichen Rechtsstellung betroffen** ist (z.B. Einstellung, Beförderung, Entlassung) und nicht nur als sog. Glied der Verwaltung (z.B. Anweisung, wie ein Beamter seine Akten zu bearbeiten hat).

Ⓟ Gegenstand der Anfechtungsklage – Reformatio in peius/Verböserung
Reformatio in peius/Verböserung = Adressat eines belastenden VA legt Widerspruch ein und der Widerspruchsbescheid verschlimmert seine Situation nochmals.

BEISPIEL: B legt Widerspruch gegen den ihm auferlegten Teilabriss seiner Garage ein und der Widerspruchsbescheid ordnet einen Komplettabriss an.

Hier kann gem. § 79 II 1 VwGO ausschließlich der Widerspruchsbescheid angegriffen werden.

Ⓟ Abgrenzung Inhaltsbestimmung ↔ Nebenbestimmung
Inhaltsbestimmung legt den Inhalt des VA fest, ist der VA.
Nebenbestimmung (§ 36 VwVfG) bezieht sich auf einen VA, ist akzessorisch, regelt jedoch einen eigenständigen Sachverhalt.
Abgrenzungsmethode: Durch Auslegung der maßgeblichen Rechtsvorschriften ermitteln, was der begünstigende VA grundsätzlich gestattet. Tangiert die zugleich auferlegte Belastung den so ermittelten Inhalt des VA, handelt es sich um eine Inhaltsbestimmung, anderenfalls um eine Nebenbestimmung.

BEISPIEL: Die Pflicht, beim Führen eines Kfz eine Sehhilfe zu tragen, tangiert nicht das grundsätzliche Recht, alle Fahrzeuge einer bestimmten Klasse zu führen. Daher handelt es sich um eine Nebenbestimmung.

Ⓟ Nebenbestimmung: Abgrenzung Bedingung ←→ Auflage

Entscheidend ist der objektive Wille der Behörde, d.h. es kommt darauf an, wie wichtig ihr die Einhaltung der Nebenbestimmung ist. **Soll davon die Wirksamkeit des VA abhängen**, dann Bedingung (§ 36 II Nr. 2 VwVfG). Anderenfalls Auflage i.S.v. § 36 II Nr. 4 VwVfG (+).

Ⓟ Anfechtbarkeit von Inhalts- und Nebenbestimmungen

Anfängliche Inhaltsbestimmung: Anfechtungsklage (-), da Inhaltsbestimmung integraler Bestandteil des VA. Möglich ist Verpflichtungsklage auf Neuerlass des VA mit einem anderen Inhalt.

Anfängliche Nebenbestimmung: Nach h.M. grds. bei allen Nebenbestimmungen Anfechtungsklage (+), da § 113 I 1 VwGO die Teilaufhebung eines VA und damit auch dessen Teilanfechtung ermöglicht, ohne nach der Art der Nebenbestimmung zu differenzieren. Ausnahme: Die Aufhebung der Nebenbestimmung darf wegen Art. 20 III GG nicht dazu führen, dass der verbleibende VA (sog. Rest-VA) rechtswidrig wird. In diesem Fall Verpflichtungsklage auf Erlass einer fehlerfreien Nebenbestimmung.

Nachträgliche Inhalts- und Nebenbestimmungen: Anfechtungsklage (+)

PRÜFUNGSSCHEMA

SCHEMA MIT DEFINITIONEN UND PROBLEMÜBERSICHT

Anfechtungsklage – Klagebefugnis und Vorverfahren

A. Zulässigkeit der Klage

I. Eröffnung des Verwaltungsrechtswegs

II. Statthafte Klageart, § 42 I 1. Fall VwGO = Aufhebung eines VA i.S.d. § 35 VwVfG

III. Klagebefugnis, § 42 II VwGO
= mögliche Verletzung in einem subjektiv-öffentlichen Recht.

Ⓟ Adressatentheorie

Ⓟ Drittanfechtung

IV. Erfolgloses, ordnungsgemäß durchgeführtes Vorverfahren, §§ 68 ff. VwGO

Ⓟ §§ 68 I 2, 75 VwGO

Ⓟ Heilung eines Fristverstoßes durch Sachbescheidung

Ⓟ Bekanntgabe von und Fristbeginn bei Verkehrszeichen

DIE WICHTIGSTEN PROBLEME – LÖSUNGSANSÄTZE

Ⓟ Klagebefugnis - Adressatentheorie
Adressatentheorie meint, dass sich der Adressat eines belastenden VA zumindest auf eine mögliche Verletzung seiner allg. Handlungsfreiheit aus **Art. 2 I GG** berufen kann.
Gutachten: Allein der Begriff „Adressatentheorie" ist in einer Klausur nicht ausreichend, es muss die Vorschrift genannt werden, die das subjektiv-öffentliche Recht beinhaltet.

Ⓟ Klagebefugnis - Drittanfechtung
Wehrt sich nicht der Adressat gegen einen belastenden VA, sondern ein Dritter, muss er sich auf eine drittschützende Vorschrift berufen können. Herleitung anhand der **Schutznormtheorie** (= Norm muss zumindest auch dem Schutz von Individualinteressen dienen und der Kläger muss zum geschützten Personenkreis gehören; das wiederum ist durch **Auslegung der Norm** zu ermitteln).

Ⓟ Erfolgloses Vorverfahren - §§ 68 I 2, 75 VwGO
In den Fällen des § 68 I 2 VwGO ist das Vorverfahren unzulässig. Enthält mit „wenn ein Gesetz dies bestimmt" eine sog. **Öffnungsklausel**, d.h. der Landesgesetzgeber darf Ausnahmen vom Vorverfahren normieren. § 68 I 2 Nr. 2 VwGO gilt auch für die reformatio in peius.
Im Fall des § 75 VwGO (sog. Untätigkeitsklage) muss das Vorverfahren wegen sachlich nicht gerechtfertigter Untätigkeit der Behörde nicht durchgeführt werden.

Ⓟ Erfolgloses Vorverfahren – Heilung eines Fristverstoßes durch Sachbescheidung

Weist die Widerspruchsbehörde (§ 73 VwGO) einen unter Verstoß gegen § 70 I VwGO zu spät erhobenen Widerspruch nicht wegen des Fristverstoßes zurück, sondern weil sie ihn für unbegründet hält, wird dadurch der Fristverstoß grds. geheilt, da die Widerspruchsbehörde die sog. **Herrin des Vorverfahrens** ist. Ausnahme: Durch den Fristablauf hat ein Dritter eine bestandskräftige Rechtsposition erlangt.

BEISPIEL: Nachbar legt gegen die Baugenehmigung zu spät Widerspruch ein.

Ⓟ Erfolgloses Vorverfahren – Bekanntgabe von und Fristbeginn bei Verkehrszeichen

Bekanntgabe, § 41 VwVfG = **amtlich veranlasste Möglichkeit der Kenntnisnahme**.
Verkehrszeichen werden mit dem Aufstellen gegenüber allen Verkehrsteilnehmern bekanntgegeben, unabhängig davon, ob der jeweilige Verkehrsteilnehmer tatsächlich vor Ort ist (sog. **Sichtbarkeitsgrundsatz**). Verkehrszeichen für den fließenden Verkehr müssen mit einem raschen, beiläufigen Blick erkennbar sein, wohingegen bei Verkehrszeichen für den ruhenden Verkehr (= Halten und Parken) eine Umschaupflicht und in besonderen Fällen (z.B. schlechte Witterungsverhältnisse) die Pflicht besteht, den Nahbereich des Fahrzeugs abzuschreiten.
Die **Rechtsbehelfsfrist** beginnt bei einem Verkehrszeichen hingegen erst, wenn der Verkehrsteilnehmer das **Verkehrszeichen erstmals tatsächlich wahrnehmen kann**, also vor Ort ist. Würde stattdessen auf das Aufstellen des Verkehrszeichens abgestellt werden, könnte der Verkehrsteilnehmer eine Frist versäumt haben, von der er mangels tatsächlicher Kenntnis vom Verkehrszeichen nichts wusste. Das widerspräche Art. 19 IV 1 GG.

PRÜFUNGSSCHEMA

SCHEMA MIT DEFINITIONEN UND PROBLEMÜBERSICHT

Anfechtungsklage – Klagegegner, Beteiligungs- und Prozessfähigkeit, Klagefrist

A. Zulässigkeit der Klage

I. Eröffnung des Verwaltungsrechtswegs

II. Statthafte Klageart, § 42 I 1. Fall VwGO = Aufhebung eines VA i.S.d. § 35 VwVfG

III. Klagebefugnis, § 42 II VwGO

IV. Erfolgloses, ordnungsgemäß durchgeführtes Vorverfahren, §§ 68 ff. VwGO

V. Klagegegner, § 78 I Nr. 1 VwGO
§ 78 I Nr. 2 VwGO gilt in Sachsen **nicht.**

Ⓟ Rechtsträgerprinzip

VI. Beteiligungs- und Prozessfähigkeit, §§ 61, 62 VwGO
§ 61 Nr. 3 VwGO gilt in Sachsen **nicht.**

VII. Klagefrist, § 74 I VwGO
Legaldefinition Zustellung in **§ 2 I VwZG.**

Ⓟ Prüfungsreihenfolge bei Fristproblemen

Gutachten: Weitere Zulässigkeitspunkte wie z.B. zuständiges Gericht sind nur zu prüfen, wenn sie problematisch sind, und damit fast nie. Immer wenn bei einem Zulässigkeitspunkt formuliert werden muss „Mangels anderweitiger Anhaltspunkte im Sachverhalt ist davon auszugehen, dass diese Zulässigkeitsvoraussetzung erfüllt ist" bleibt dieser Prüfungspunkt weg. Er kostet nur Zeit, die man für die Begründetheitsprüfung benötigt.

DIE WICHTIGSTEN PROBLEME – LÖSUNGSANSÄTZE

Ⓟ Klagegegner – Rechtsträgerprinzip

§ 78 I Nr. 1 VwGO normiert das sog. Rechtsträgerprinzip. Damit wird nicht die Behörde verklagt, die den umstrittenen VA erlassen hat, sondern ihr Rechtsträger. **Rechtsträger** sind im Öff. Recht die **Körperschaften, Anstalten und Stiftungen**. Wer Behörde und wer ihr Rechtsträger ist, ist **im Gesetz normiert**.

BEISPIEL: Eine Gemeinde ist gem. § 1 III SächsGemO eine Gebietskörperschaft und damit Rechtsträgerin. Ihre Behörde ist gem. § 51 I 2 SächsGemO der Bürgermeister.

Ⓟ Klagefrist – Prüfungsreihenfolge bei Fristproblemen

1. Wann wurde der Widerspruchsbescheid zugestellt?
   Insbesondere Beachtung der sog. 3-Tagesfiktion des § 4 II 2 VwZG.
2. Genaue Berechnung der Klagefrist gem. § 57 II VwGO i.V.m. § 222 I ZPO i.V.m. §§ 187 ff. BGB
   Insbesondere Beachtung der Sonn- und Feiertagsregelung in § 193 BGB.
3. Liegt eine fehlerhafte Rechtsbehelfsbelehrung i.S.v. § 58 VwGO vor?
   Das ist in einer Klausur nur der Fall, wenn die Rechtsbehelfsbelehrung im Sachverhalt abgedruckt ist.
4. Wiedereinsetzung in den vorigen Stand, § 60 VwGO
   Zurechnung eines Verschuldens des Rechtsanwalts gem. § 173 S. 1 VwGO i.V.m. § 85 II ZPO.

PRÜFUNGSSCHEMA

SCHEMA MIT DEFINITIONEN UND PROBLEMÜBERSICHT

Anfechtungsklage – objektive und subjektive Klagehäufung, Beiladung

A. Zulässigkeit der Klage

B. Objektive Klagehäufung, § 44 VwGO
„im Zusammenhang" meint, dass den Klagebegehren derselbe Lebenssachverhalt zugrunde liegen muss (extensive Auslegung).

Ⓟ Haupt- und Hilfsantrag ←→ Stufenklage

C. Subjektive Klagehäufung bzw. Streitgenossenschaft, § 64 VwGO i.V.m. §§ 59 ff. ZPO
= mehrere Kläger und/oder mehrere Beklagten.

Gutachten: Objektive und subjektive Klagehäufung gehören nicht zur Zulässigkeitsprüfung, da bei Nichtvorliegen ihrer Voraussetzungen die Klage nicht erfolglos ist, sondern die Begehren lediglich getrennt werden, § 93 S. 2 VwGO.

D. Beiladung, § 65 VwGO

Ⓟ Notwendige Beiladung, § 65 II VwGO

Gutachten: Die Beiladung gehört nicht zur Zulässigkeitsprüfung, weil sie durch das Gericht erfolgt und Fehler des Gerichts nicht zur Unzulässigkeit der Klage führen können.

DIE WICHTIGSTEN PROBLEME – LÖSUNGSANSÄTZE

Ⓟ Objektive Klagehäufung – Haupt- und Hilfsantrag ←→ Stufenklage
Bei einem Haupt- und Hilfsantrag (sog. **Eventualklagehäufung**) wird das 2. Begehren nur für den Fall gestellt, dass das 1. Begehren nicht in vollem Umfang erfolgreich ist.

BEISPIEL: Kläger begehrt mit Hauptantrag die Befreiung von der Hundesteuer und mit dem Hilfsantrag deren Ermäßigung.

Gutachten: Erst Zulässigkeit und Begründetheit des Hauptantrags prüfen, danach Zulässigkeit und Begründetheit des Hilfsantrags. Der Hauptantrag ist in einer Klausur nie in vollem Umfang erfolgreich, weil dann der Hilfsantrag nicht mehr zu prüfen ist.

Ⓟ Beiladung – Notwendige Beiladung, § 65 II VwGO
Notwendige Beiladung liegt i.d.R. bei **VA mit Drittwirkung** vor.

BEISPIEL: Nachbar greift Baugenehmigung an, Bauherr ist notwendig beizuladen.

PRÜFUNGSSCHEMA

SCHEMA MIT DEFINITIONEN UND PROBLEMÜBERSICHT

Anfechtungsklage – Begründetheit der Klage

A. Zulässigkeit der Klage

B. Objektive Klagehäufung, § 44 VwGO

C. Subjektive Klagehäufung bzw. Streitgenossenschaft, § 64 VwGO i.V.m. §§ 59 ff. ZPO

D. Beiladung, § 65 VwGO

E. Begründetheit der Klage

Obersatz: Die Anfechtungsklage ist begründet, soweit der VA rechtswidrig ist und der Kläger dadurch in seinen Rechten verletzt ist, § 113 I 1 VwGO.

Ⓟ Maßgeblicher Zeitpunkt für die Beurteilung der Begründetheit

DIE WICHTIGSTEN PROBLEME – LÖSUNGSANSÄTZE

Ⓟ Begründetheit der Klage – maßgeblicher Zeitpunkt für die Beurteilung der Begründetheit
Nach h.M. ist **grds**. der **Zeitpunkt der letzten Behördenentscheidung**, also i.d.R. der Zeitpunkt des Erlasses des Widerspruchsbescheids maßgeblich, weil es um die Kontrolle der Rechtmäßigkeit des behördlichen Handelns geht. Also ist auch auf den Zeitpunkt abzustellen, zu dem die Behörde gehandelt hat.
Ausnahme: Bei **Dauer-VA** (= VA, die ein auf Dauer angelegtes Rechtsverhältnis erzeugen und sich fortlaufend aktualisieren, z.B. Verkehrszeichen, Gewerbeuntersagung) kommt es auf den Zeitpunkt der letzten mündlichen Verhandlung (in der letzten Gerichtsinstanz) an.
Gegenausnahme: Obwohl die Gewerbeuntersagung ein Dauer-VA ist, kommt es wegen der gesetzgeberischen Wertung in **§ 35 VI GewO** doch auf den Zeitpunkt der letzten Behördenentscheidung an.

Gutachten: Das geschilderte Problem wird nicht abstrakt am Anfang der Begründetheitsprüfung erörtert, sondern bei dem Tatbestandsmerkmal (z.B. der gewerberechtlichen Unzuverlässigkeit), bei dem sich im Nachhinein die Sach- oder Rechtslage verändert hat.

PRÜFUNGSSCHEMA

SCHEMA MIT DEFINITIONEN UND PROBLEMÜBERSICHT

Anfechtungsklage – Ermächtigungsgrundlage und formelle Rechtmäßigkeit des VA

A. Zulässigkeit der Klage

B. Objektive Klagehäufung, § 44 VwGO

C. Subjektive Klagehäufung bzw. Streitgenossenschaft, § 64 VwGO i.V.m. §§ 59 ff. ZPO

D. Beiladung, § 65 VwGO

E. Begründetheit der Klage

I. Ermächtigungsgrundlage (EGL) für den VA

Ⓟ Erfordernis einer EGL

Ⓟ Kein bloßes Ge- oder Verbot

Ⓟ Verfassungsmäßigkeit der reformatio in peius

Ⓟ EGL für die reformatio in peius

II. Formelle Rechtmäßigkeit des VA

1. Zuständigkeit

Ⓟ Zuständigkeit der Widerspruchsbehörde für **reformatio in peius**

2. Verfahren, § 28 VwVfG

Ⓟ Heilung einer fehlenden Anhörung gem. § 45 I Nr. 3 VwVfG mit Durchführung des Vorverfahrens

3. Form, §§ 37 II, 39 VwVfG

Beachte: Bei Vorliegen eines Verfahrens- oder Formfehlers ist stets an § 45 VwVfG zu denken.

DIE WICHTIGSTEN PROBLEME – LÖSUNGSANSÄTZE

Ⓟ Ermächtigungsgrundlage für den VA – Erfordernis einer EGL

Eine EGL ist bei **belastenden** VA erforderlich wegen des sog. **Vorbehalts des Gesetzes**, Art. 20 III GG. Daher bedürfen **Subventionen** (= finanzielle Zuwendung des Staates an eine Privatperson zur Erfüllung eines bestimmten öff. Zwecks ohne marktgerechte Gegenleistung) **grds. keiner detaillierten EGL** in einem Parlamentsgesetz. **Ausnahme:** Mit einer Subvention ist ein Eingriff in Grundrechte Dritter verbunden.

BEISPIEL: Gewährung einer Subvention für ein Presseunternehmen, da dadurch die Pressefreiheit der anderen Presseunternehmen beeinträchtigt wird.

Ⓟ Ermächtigungsgrundlage für den VA – kein bloßes Ge- oder Verbot
EGL beinhalten eine behördliche Handlungsermächtigung, sie **haben** also eine **Rechtsfolge**. Bloße Ge- oder Verbot (z.B. Anleinpflicht bei gefährlichen Hunden) sind somit keine EGL.

Ⓟ Ermächtigungsgrundlage für den VA – Verfassungsmäßigkeit der reformatio in peius
Verfassungsmäßigkeit fraglich, weil Verböserung den Betroffenen evtl. davon abhält, überhaupt noch einmal einen Rechtsbehelf zu erheben (Art. 19 IV GG). Jedoch kann Widerspruchsbehörde wegen Art. 20 III GG nicht sehenden Auges einen rechtswidrigen VA unangetastet lassen. Daher Verfassungsmäßigkeit (+)

Ⓟ Ermächtigungsgrundlage für den VA – EGL für die reformatio in peius
Nicht §§ 48, 49 VwVfG, sondern die **EGL**, die auch **für den Ausgangs-VA gilt**, der verbösert wurde. Denn der Widerspruchsführer will mit seinem Widerspruch eine Überprüfung des Ausgangs-VA erreichen. Dann muss auch dessen EGL zur Anwendung kommen. Zudem kein Vertrauen in den Bestand des Ausgangs-VA, das es über §§ 48, 49 VwVfG zu schützen gilt, da Widerspruchsführer gem. § 71 VwGO vor der Verböserung dazu angehört wird.

Ⓟ Formelle Rechtmäßigkeit des VA – Zuständigkeit der Widerspruchsbehörde für reformatio in peius
Widerspruchsbehörde ist für Verböserung nur unter folgenden **Voraussetzungen** zuständig:

- **Widerspruchsbescheid** darf **nur** die durch den Ausgangsbescheid verursachte **Beschwer intensivieren**, nicht aber eine gänzlich neue Beschwer schaffen. Anderenfalls würde dem Betroffenen ein Rechtsbehelf entzogen werden, da er gegen den Widerspruchsbescheid gem. § 68 I 2 Nr. 2 VwGO nicht erneut Widerspruch einlegen kann.
- **Widerspruchsbehörde** muss **mit Ausgangsbehörde identisch** sein **oder** ihr gegenüber ein **unbeschränktes Weisungsrecht** haben.

Ⓟ Formelle Rechtmäßigkeit des VA – Heilung einer fehlenden Anhörung gem. § 45 I Nr. 3 VwVfG mit Durchführung des Vorverfahrens
(+), weil der Betroffene mit Erhebung des Widerspruchs die Möglichkeit hat, sich zur Sache zu äußern.

PRÜFUNGSSCHEMA

SCHEMA MIT DEFINITIONEN UND PROBLEMÜBERSICHT

Anfechtungsklage – Materielle Rechtmäßigkeit des VA und Rechtsverletzung

A. Zulässigkeit der Klage

B. Objektive Klagehäufung, § 44 VwGO

C. Subjektive Klagehäufung bzw. Streitgenossenschaft, § 64 VwGO i.V.m. §§ 59 ff. ZPO

D. Beiladung, § 65 VwGO

E. Begründetheit der Klage

I. Ermächtigungsgrundlage für den VA

II. Formelle Rechtmäßigkeit des VA

III. Materielle Rechtmäßigkeit des VA

= Prüfung von **Tatbestand und Rechtsfolge der EGL**. Was zum Tatbestand und was zur Rechtsfolge gehört ist durch das **„wenn-dann-Prinzip“** zu ermitteln („wenn“ = Tatbestand, „dann“ = Rechtsfolge).

Gutachten: Die Prüfung der materiellen Rechtmäßigkeit ist immer DER Klausurschwerpunkt.

1. Tatbestand

Ⓟ Unbestimmte Rechtsbegriffe/Beurteilungsspielraum

Ⓟ Norminterpretierende und normkonkretisierende Verwaltungsvorschriften

2. Rechtsfolge

Gebundene Entscheidung („ist“, „hat“, „muss“), „**Regel-/Soll**-Entscheidung“ oder **Ermessen** („kann“, „darf“)

Ⓟ Ermessensreduzierung auf null

Ⓟ Nachschieben von Ermessenserwägungen, § 114 S. 2 VwGO

IV. Rechtsverletzung

Ⓟ § 46 VwVfG

Gutachten: In der Regel wird nur ein Ergebnissatz formuliert (z.B. „Der rechtswidrige VA verletzt den Kläger auch in seinen subjektiv-öffentlichen Rechten“).

DIE WICHTIGSTEN PROBLEME – LÖSUNGSANSÄTZE

Ⓟ Materielle Rechtmäßigkeit des VA – unbestimmte Rechtsbegriffe und Beurteilungsspielraum

Unbestimmte Rechtsbegriffe sind TB-Merkmale, die **besonders auslegungsbedürftig** sind (z.B. öff. Ordnung). Ihre Auslegung durch die Verwaltung wird **von** den **Gerichten grds. umfassend kontrolliert**. Nur in folgenden **Ausnahmefällen** ist die gerichtliche Kontrolle begrenzt: Prüfungsspezifische Beurteilungen (z.B. Benotung einer Klausur); beamtenrechtliche Beurteilungen; wirtschaftliche und politische Prognoseentscheidungen. Die gerichtliche Kontrolle ist begrenzt auf: Fehler bei der Sachverhaltsermittlung und Verfahrensfehler sowie sachfremde Erwägungen der Behörde.

Ⓟ Materielle Rechtmäßigkeit des VA – norminterpretierende und normkonkretisierende Verwaltungsvorschriften (VV)

VV sollen einen **einheitlichen Gesetzesvollzug** durch die Verwaltung **sicherstellen**. Haben grds. keine Außenwirkung und damit keine Bindungswirkung für das Gericht (norminterpretierende VV). Ausnahme: Normkonkretisierende VV wie die TA Lärm.

Ⓟ Materielle Rechtmäßigkeit des VA – Ermessensreduzierung auf null

DEFINITION

Ermessen hat sich so „verdichtet", dass nur noch eine Entscheidung richtig ist. Ursache sind oftmals VV, die eine einheitliche Handhabung des Ermessens durch die Verwaltung bewirken (**Selbstbindung der Verwaltung**).

Ⓟ Materielle Rechtmäßigkeit des VA – Nachschieben von Ermessenerwägungen, § 114 S. 2 VwGO

= es sollen Ermessenserwägungen im gerichtlichen Verfahren nachgereicht werden, die schon bei Erlass des VA vorlagen. Zulässig, wenn sich dadurch das Wesen des VA nicht ändert, insbesondere keine Änderung des Tenors des VA. Zudem darf nicht erstmals Ermessen ausgeübt oder Ermessenerwägungen komplett ausgetauscht werden (vgl. Wortlaut des § 114 S. 2 VwGO „ergänzen").

Ⓟ Rechtsverletzung - § 46 VwVfG

§ 46 VwVfG ist anzusprechen, wenn der **VA formell rechtwidrig, aber materiell rechtmäßig** ist. Der formelle Fehler hat die „Entscheidung in der Sache nicht beeinflusst", wenn der VA auch ohne den Fehler genauso ergangen wäre. Das ist bei Verstößen gegen die Form sowie dann der Fall, wenn die Rechtsfolge eine gebundene Entscheidung ist.

PRÜFUNGSSCHEMA

GRUNDSCHEMA VERPFLICHTUNGSKLAGE, § 42 I 2. Fall VwGO

A. Zulässigkeit der Klage

- **I. Eröffnung des Verwaltungsrechtswegs**
- **II. Statthafte Klageart, § 42 I 2. Fall VwGO = Verurteilung zum Erlass eines VA i.S.d. § 35 VwVfG**
- **III. Klagebefugnis, § 42 II VwGO**
- **IV. Erfolgloses, ordnungsgemäß durchgeführtes Vorverfahren, §§ 68 ff. VwGO**
- **V. Klagegegner, § 78 I Nr. 1 VwGO**
- **VI. Beteiligungs- und Prozessfähigkeit, §§ 61, 62 VwGO**
- **VII. Klagefrist, § 74 I VwGO**

B. Objektive Klagehäufung, § 44 VwGO

C. Subjektive Klagehäufung bzw. Streitgenossenschaft, § 64 VwGO i.V.m. §§ 59 ff. ZPO

D. Beiladung, § 65 VwGO

E. Begründetheit der Klage

- **I. Anspruchsgrundlage**
- **II. Formelle Anspruchsvoraussetzungen**
  - **1. Zuständige Behörde**
  - **2. Verfahren**
  - **3. Formgerechter Antrag**
- **III. Materielle Anspruchsvoraussetzungen**
  - **1. Tatbestand**
  - **2. Rechtsfolge**

SCHEMA MIT DEFINITIONEN UND PROBLEMÜBERSICHT

Verpflichtungsklage – Zulässigkeit der Klage

Beachte: Es werden nur die Definitionen und Probleme dargestellt, die von der Anfechtungsklage abweichen.

A. Zulässigkeit der Klage

I. Eröffnung des Verwaltungsrechtswegs

Generalklausel, § 40 I 1 VwGO

Ⓟ 2 Stufen-Theorie

II. Statthafte Klageart

Versagungsgegenklage = Erlass des begehrten VA wird abgelehnt.
Untätigkeitsklage = Verwaltung reagiert auf den Antrag auf Erlass eines VA gar nicht.

Ⓟ Konkurrentenklage

III. Klagebefugnis, § 42 II VwGO
Es muss ein **Anspruch** auf Erlass des gewollten VA geltend gemacht werden. In Zweifelsfällen Herleitung des Anspruchs mittels der Schutznormtheorie. Beachte: Adressatentheorie nicht anwendbar.

IV. Erfolgloses, ordnungsgemäß durchgeführtes Vorverfahren, §§ 68 ff. VwGO

V. Klagegegner, § 78 I Nr. 1 VwGO

VI. Beteiligungs- und Prozessfähigkeit, §§ 61, 62 VwGO

VII. Klagefrist, § 74 I, II VwGO
Gilt nur für die Versagungsgegenklage. Bei der Untätigkeitsklage kann mangels Tätigwerdens der Verwaltung keine Frist laufen, es gilt § 75 VwGO.

DIE WICHTIGSTEN PROBLEME – LÖSUNGSANSÄTZE

Ⓟ Verwaltungsrechtsweg/Öffentlich-rechtliche Streitigkeit – 2 Stufen-Theorie

Anwendungsfälle: **Zugang zu öff. Einrichtungen** (= Gegenstand, der einem bestimmten öff. Zweck gewidmet ist), Vergabe von Subventionen.
„OB“ des Zugangs/der Vergabe → stets öff.-rechtlich.
„WIE“ des Zugangs/der Vergabe → kann öff.-rechtlich oder zivilrechtlich geregelt sein.

BEISPIEL: Kläger begehrt Zugang zu einer Stadthalle, bei der die Nutzungsbedingungen per Mietvertrag geregelt werden. Da es um das „OB“ geht, liegt eine öff.-rechtliche Streitigkeit vor.

Ⓟ Statthafte Klageart – Konkurrentenklage

DEFINITION
Kläger begehrt eine Leistung, die er nur erhalten kann, wenn sie einem anderen genommen wird.

BEISPIEL: Kläger will mit Glühweinstand auf Weihnachtsmarkt, es sind jedoch alle Standplätze vergeben.

Grds. ist die Erhebung der Verpflichtungsklage ausreichend. **Ausnahme:** Behörde gibt dem Kläger den anzufechtenden VA bekannt oder es ist für den Kläger anderweitig erkennbar, welchen VA er anzufechten hat (z.B. weil es nur einen Konkurrenten gibt). Dann muss er **zusätzlich zur Verpflichtungsklage auch noch** eine **Anfechtungsklage** erheben.

PRÜFUNGSSCHEMA

SCHEMA MIT DEFINITIONEN UND PROBLEMÜBERSICHT

Verpflichtungsklage – Begründetheit der Klage

A. Zulässigkeit der Klage

B. Objektive Klagehäufung, § 44 VwGO

C. Subjektive Klagehäufung bzw. Streitgenossenschaft, § 64 VwGO i.V.m. §§ 59 ff. ZPO

D. Beiladung, § 65 VwGO

E. Begründetheit der Klage

Obersatz: Die Verpflichtungsklage ist begründet, soweit die Ablehnung/Unterlassung des VA rechtwidrig ist, der Kläger dadurch in seinen Rechten verletzt ist und die Sache spruchreif ist, § 113 V 1 VwGO. Das ist der Fall, soweit der behauptete Anspruch tatsächlich besteht.

Ⓟ Maßgeblicher Zeitpunkt für die Beurteilung der Begründetheit

I. Anspruchsgrundlage
= die Vorschrift, die in der Klagebefugnis genannt wurde.

II. Formelle Anspruchsvoraussetzungen

1. Zuständige Behörde
= die Behörde, die für die Erfüllung des Anspruchs zuständig ist.

2. Verfahren
§ 28 VwVfG greift **nicht**, da es nicht um einen belastenden VA geht.

3. Formgerechter Antrag

III. Materielle Anspruchsvoraussetzungen

1. Tatbestand

2. Rechtsfolge

Ⓟ Ermessen

DIE WICHTIGSTEN PROBLEME – LÖSUNGSANSÄTZE

Ⓟ Begründetheit der Klage – Maßgeblicher Zeitpunkt für die Beurteilung der Begründetheit

Grds. **Zeitpunkt der letzten mündlichen Verhandlung** (in der letzten Gerichtsinstanz), denn im Gegensatz zur Anfechtungsklage geht es nicht um die Kontrolle der Rechtmäßigkeit eines behördlichen Handelns, sondern um das Bestehen eines Anspruchs. Es gibt für das Gericht keinen Grund, diesen abzulehnen, wenn er inzwischen existiert. **Ausnahme: Gesetzliche Stichtagregelung.**

BEISPIEL: Einreichung der Bewerbungsunterlagen für Studienbeginn im Sommersemester bis 15.1.. Dann ist für das Bestehen des Zulassungsanspruchs der 15.1. maßgebend.

Ⓟ Materielle Anspruchsvoraussetzungen – Ermessen

Sieht die Anspruchsgrundlage als **Rechtsfolge** ein **Ermessen** vor (z.B. § 31 II BauGB), hat der Kläger einen **gebundenen Anspruch** auf Erlass des VA **nur**, wenn sich das **Ermessen auf null reduziert** hat. **Anderenfalls fehlt** die **Spruchreife** i.S.v. § 113 V 1 VwGO, sodass gem. § 113 V 2 VwGO ein **Bescheidungsurteil** ergeht.

PRÜFUNGSSCHEMA

GRUNDSCHEMA FORTSETZUNGSFESTSTELLUNGSKLAGE (FFK), § 113 I 4 VwGO

A. Zulässigkeit der Klage

I. Eröffnung des Verwaltungsrechtswegs

II. Statthafte Klageart, § 113 I 4 VwGO = VA muss sich vorher durch Zurücknahme oder anders erledigt haben

1. VA i.S.v. § 35 VwVfG

2. Erledigung

3. Zeitpunkt der Erledigung

4. Anfechtungssituation

III. Fortsetzungsfeststellungsinteresse

IV. Klagebefugnis, § 42 II VwGO analog

V. Erfolgloses, ordnungsgemäß durchgeführtes Vorverfahren

VI. Klagegegner, § 78 I Nr. 1 VwGO analog

VII. Beteiligungs- und Prozessfähigkeit, §§ 61, 62 VwGO

VIII. Klagefrist

B. Objektive Klagehäufung, § 44 VwGO

C. Subjektive Klagehäufung bzw. Streitgenossenschaft, § 64 VwGO i.V.m. §§ 59 ff. ZPO

D. Beiladung, § 65 VwGO

E. Begründetheit der Klage
Aufbau wie bei Anfechtungs- oder Verpflichtungsklage.

SCHEMA MIT DEFINITIONEN UND PROBLEMÜBERSICHT

Fortsetzungsfeststellungsklage – Statthafte Klageart und Fortsetzungsfeststellungsinteresse

Beachte: Es werden nur die Definitionen und Probleme dargestellt, die von der Anfechtungs- und Verpflichtungsklage abweichen.

A. Zulässigkeit der Klage

I. Eröffnung des Verwaltungsrechtswegs

II. Statthafte Klageart, § 113 I 4 VwGO = VA muss sich vorher durch Zurücknahme oder anders erledigt haben

1. VA i.S.v. § 35 VwVfG

2. Erledigung

DEFINITION
VA entfaltet **keinerlei Rechtswirkungen** mehr, sodass seine Aufhebung sinnlos ist.
Beispiele für Erledigung: § 43 II VwVfG.

3. **Zeitpunkt der Erledigung**
„vorher" i.S.v. § 113 I 4 VwGO = Erledigung **nach Klageerhebung**, aber **vor Erlass des Urteils.**
Ⓟ Erledigung vor Klageerhebung
4. **Anfechtungssituation**
Ohne Erledigung muss die Anfechtungsklage statthaft sein.
Ⓟ Erledigung einer Verpflichtungssituation

III. **Fortsetzungsfeststellungsinteresse**
Ⓟ Fallgruppen

DIE WICHTIGSTEN PROBLEME – LÖSUNGSANSÄTZE

Ⓟ Statthafte Klageart – Erledigung vor Klageerhebung
Analoge Anwendung des § 113 I 4 VwGO (h.M.). Die auch in Betracht kommende Feststellungsklage gem. § 43 I VwGO passt vom Wortlaut her nicht zum Begehren des Klägers. Dieser will nicht das Bestehen oder Nichtbestehen des VA bzw. seine Nichtigkeit geklärt haben, sondern nur dessen Rechtswidrigkeit feststellen lassen. Zudem wäre § 113 I 4 VwGO insgesamt überflüssig, wenn über § 43 I VwGO auch die Feststellung der Rechtswidrigkeit eines VA erfolgen könnte.

Ⓟ Statthafte Klageart – Erledigung einer Verpflichtungssituation
Wäre ohne Erledigung eine Verpflichtungsklage die statthafte Klageart, wird § 113 I 4 VwGO nochmals analog angewendet. Bei einem Rückgriff auf § 43 I VwGO besteht die Gefahr, dass im Falle einer Erledigung nach Klageerhebung die §§ 68 ff. VwGO unterlaufen werden, die für die Feststellungsklage nicht gelten.
Beachte: In dieser Situation muss sich nicht ein VA, sondern der Anspruch auf den Erlass eines VA erledigt haben, d.h. die Erfüllung des Anspruchs muss sinnlos geworden sein.

Ⓟ Fortsetzungsfeststellungsinteresse – Fallgruppen
Anerkannte Fallgruppen, die das „berechtigte Interesse" i.S.v. § 113 I 4 VwGO begründen:

- **Wiederholungsgefahr**
  = hinreichende Wahrscheinlichkeit, dass sich zwischen den Beteiligten des Rechtsstreits der Sachverhalt und das behördliche Verhalten in absehbarer Zeit wiederholen werden.
- **Rehabilitationsinteresse**
  = Wiederherstellung des guten Rufs.
- **Erheblicher Grundrechtseingriff**, der sich **typischerweise kurzfristig erledigt**
- **Präjudizinteresse**
  = Vorbereitung eines späteren zivilprozessualen Staatshaftungsprozesses.
  Der Staatshaftungsprozess muss **hinreichend wahrscheinlich** und darf **nicht evident aussichtslos** sein. Zudem muss die **Erledigung** bei dieser Fallgruppe zwingend **nach Klageerhebung** eingetreten sein. Bei Erledigung vor Klageerhebung muss sich der Kläger nämlich direkt an die Zivilgerichte wenden.

PRÜFUNGSSCHEMA

SCHEMA MIT PROBLEMÜBERSICHT

Fortsetzungsfeststellungsklage – erfolgloses Vorverfahren, Klagegegner, Beteiligungs- und Prozessfähigkeit, Klagefrist

A. Zulässigkeit der Klage

I. Eröffnung des Verwaltungsrechtswegs

II. Statthafte Klageart

III. Fortsetzungsfeststellungsinteresse

IV. Klagebefugnis, § 42 II VwGO analog

V. Erfolgloses, ordnungsgemäß durchgeführtes Vorverfahren

Ⓟ Analoge Anwendung der §§ 68 ff. VwGO

VI. Klagegegner, § 78 I Nr. 1 VwGO analog

VII. Beteiligungs- und Prozessfähigkeit, §§ 61, 62 VwGO

VIII. Klagefrist

Ⓟ Analoge Anwendung des § 74 VwGO

DIE WICHTIGSTEN PROBLEME – LÖSUNGSANSÄTZE

Ⓟ Erfolgloses Vorverfahren – analoge Anwendung der §§ 68 ff. VwGO

Vorverfahren ist durchzuführen im Fall des § 54 II 1 BeamtStG bzw. § 126 II 1 BBG sowie bei Erledigung nach Klageerhebung, da VA anderenfalls im Zeitpunkt der Erledigung bereits bestandskräftig ist, womit jeder Rechtsschutz zu spät kommt.

Bei **Erledigung innerhalb der Widerspruchsfrist oder während des Vorverfahrens** ist das Vorverfahren nicht mehr erfolglos durchzuführen. Von den 3 Zielen des Vorverfahrens (Selbstkontrolle der Verwaltung, Entlastung der Gerichte, zusätzliche und billigere Rechtsschutzinstanz für den Bürger) werden die beiden zuletzt genannten nicht erreicht.

Ⓟ Klagefrist – analoge Anwendung des § 74 VwGO

Auch hier gilt: § 74 VwGO ist unstreitig anzuwenden im Fall des § 54 II 1 BeamtStG bzw. § 126 II 1 BBG sowie bei Erledigung nach Klageerhebung. **Umstritten** sind die Fälle der **Erledigung innerhalb der Widerspruchsfrist, während des Vorverfahrens und innerhalb der Klagefrist**. Die h.M. lehnt eine analoge Anwendung des § 74 VwGO ab, weil der Sinn und Zweck der Klagefrist nicht erreicht werden kann. Dieser besteht darin, die Bestandskraft des VA zu erzeugen und damit Rechtssicherheit zu schaffen. Das ist infolge der Erledigung aber nicht mehr möglich. Anstelle der Klagefrist greift vielmehr das Rechtsinstitut der Verwirkung (s. dazu die Ausführungen bei der Leistungsklage).

PRÜFUNGSSCHEMA

SCHEMA

Fortsetzungsfeststellungsklage – Begründetheit der Klage

A. Zulässigkeit der Klage

B. Objektive Klagehäufung, § 44 VwGO

C. Subjektive Klagehäufung bzw. Streitgenossenschaft, § 64 VwGO i.V.m. §§ 59 ff. ZPO

D. Beiladung, § 65 VwGO

E. Begründetheit der Klage

Obersatz:

Erledigte Anfechtungssituation: Die Klage ist begründet, soweit der VA rechtswidrig war und der Kläger dadurch in seinen Rechten verletzt wurde.

Erledigte Verpflichtungssituation: Die Verpflichtungsklage ist begründet, soweit die Ablehnung/Unterlassung des VA rechtwidrig war, der Kläger dadurch in seinen Rechten verletzt wurde und die Sache spruchreif war. Das ist der Fall, soweit der behauptete Anspruch tatsächlich bestand.

Gutachten: Der Prüfungsaufbau ist also identisch mit demjenigen der Anfechtungs- bzw. Verpflichtungsklage.
Maßgeblicher Zeitpunkt für die Beurteilung der Begründetheit ist der **Zeitpunkt der Erledigung**.

PRÜFUNGSSCHEMA

GRUNDSCHEMA LEISTUNGSKLAGE

A. Zulässigkeit der Klage

I. Eröffnung des Verwaltungsrechtswegs

II. Statthafte Klageart

Es wird eine **Leistung** begehrt, **die nicht im Erlass eines VA besteht**. Die Leistung kann auch in einem Unterlassen bestehen (sog. **negative Leistungsklage bzw. Unterlassungsklage**).

III. Klagebefugnis, § 42 II VwGO analog

IV. Erfolgloses, ordnungsgemäß durchgeführtes Vorverfahren, §§ 68 ff. VwGO

V. Klagegegner

VI. Beteiligungs- und Prozessfähigkeit, §§ 61, 62 VwGO

VII. Klagefrist

VIII. Rechtsschutzbedürfnis

B. Objektive Klagehäufung, § 44 VwGO

C. Subjektive Klagehäufung bzw. Streitgenossenschaft, § 64 VwGO i.V.m. §§ 59 ff. ZPO

D. Beiladung, § 65 VwGO

E. Begründetheit der Klage

I. Anspruchsgrundlage

II. Formelle Anspruchsvoraussetzungen

1. Zuständige Behörde

2. Verfahren

3. Formgerechter Antrag

III. Materielle Anspruchsvoraussetzungen

1. Tatbestand

2. Rechtsfolge

PRÜFUNGSSCHEMA

SCHEMA MIT DEFINITIONEN UND PROBLEMÜBERSICHT

Leistungsklage – Zulässigkeit der Klage

Beachte: Es werden nur die Definitionen und Probleme dargestellt, die von der Anfechtungs- und Verpflichtungsklage abweichen.

A. Zulässigkeit der Klage

I. Eröffnung des Verwaltungsrechtswegs

Generalklausel, § 40 I 1 VwGO

Sachzusammenhang:

Ⓟ Hausrecht in öff. Gebäuden

Ⓟ Warnungen von Hoheitsträgern

Ⓟ Staatliche Immissionen

II. Statthafte Klageart

DEFINITION
Die Leistungsklage ist statthaft, wenn eine Leistung begehrt wird, die nicht im Erlass eines VA besteht (positive oder negative Leistungsklage).

III. Klagebefugnis, § 42 II VwGO analog

Es muss ein **Anspruch** auf Erlass der gewollten Leistung geltend gemacht werden.
In Zweifelsfällen Herleitung des Anspruchs mittels der **Schutznormtheorie**.
Beachte: Adressatentheorie nicht anwendbar.

IV. Erfolgloses, ordnungsgemäß durchgeführtes Vorverfahren, §§ 68 ff. VwGO

Grds. wegen Abschnittsüberschrift der §§ 68 ff. VwGO unstatthaft.
Ausnahme: § 54 II 1 BeamtStG bzw. § 126 II 1 BBG.

V. Klagegegner

Grds. allgemeines Rechtsträgerprinzip.
Ausnahme: § 54 II 1 BeamtStG bzw. § 126 II 1 BBG i.V.m. § 78 I Nr. 1 VwGO.

VI. Beteiligungs- und Prozessfähigkeit, §§ 61, 62 VwGO

VII. Klagefrist

Grds. keine Klagefrist wegen systematischer Stellung des § 74 VwGO im 8. Abschnitt der VwGO.

Ⓟ Verwirkung

Ausnahme: § 54 II 1 BeamtStG bzw. § 126 II 1 BBG i.V.m. § 74 I, II VwGO.

VIII. Rechtsschutzbedürfnis

= gibt es im Verhältnis zur Klage einen **einfacheren und schnelleren Weg**, um das verfolgte **Rechtsschutzziel zu erreichen**?

Ⓟ Vorheriger Antrag an die Behörde

DIE WICHTIGSTEN PROBLEME – LÖSUNGSANSÄTZE

Ⓟ Verwaltungsrechtsweg/Öffentlich-rechtliche Streitigkeit – Hausrecht in öff. Gebäuden
Dient ein Gebäude einem bestimmten öff. Zweck (z.B. das Rathaus der Vornahme von Verwaltungsgeschäften), dann verfügt die zuständige Behörde über ein Hausrecht, um Beeinträchtigungen der Zweckbestimmung zu unterbinden. Die Einordnung dieses Hausrechts ist strittig. **Teilweise** wird darauf abgestellt, **zu welchem Zweck der Aufenthalt im Gebäude erfolgt**. Wird ein öff. Zweck verfolgt, soll das Hausrecht öff.-rechtlich sein, wird ein privater Zweck verfolgt, ist das Hausrecht zivilrechtlich. Das führt aber zu Abgrenzungsschwierigkeiten, wenn der Störer private und öff. Zwecke verfolgt. Daher ist es **überzeugender, auf den Zweck des Hausrechts abzustellen**. Dieser besteht in der **Sicherung des Widmungszwecks**, sodass das Hausrecht in öff. Gebäuden grds. öff.-rechtlich ist. Ausnahme: Mit dem Hausrecht werden eindeutig private Zwecke verfolgt.

BEISPIEL: Der Bürgermeister schreitet gegen eine private Karnevalsfeier in der Rathauskantine ein.

Ⓟ Verwaltungsrechtsweg/Öffentlich-rechtliche Streitigkeit – Warnungen von Hoheitsträgern
Entscheidend ist, ob der Beamte die Äußerung in seiner **hoheitlichen Funktion** (z.B. auf der Homepage einer Behörde) **oder** als **Privatperson** (z.B. im Gespräch mit einem Freund) tätigt.

Ⓟ Verwaltungsrechtsweg/Öffentlich-rechtliche Streitigkeit – staatliche Immissionen
Werden die Immissionen durch die Erfüllung des öff. Zwecks verursacht, liegt eine öff.-rechtliche Streitigkeit vor (z.B. Feuerwehrsirene, Geruchsbelastung durch städtische Kläranlage). Handelt es sich hingegen um „normale" Immissionen in einem Nachbarschaftsverhältnis, ist der Zivilrechtsweg eröffnet (z.B. überwuchernde Sträucher von einem Behördengrundstück, Lärm durch defekte Heizung).

Ⓟ Klagefrist – Verwirkung
Verwirkung tritt ein, wenn der Anspruch über einen längeren Zeitraum nicht geltend gemacht wird (sog. **Zeitmoment**) und dadurch beim Klagegegner die berechtigte Erwartung geweckt wird, der Kläger werde seinen Anspruch nicht mehr geltend machen (sog. **Umstandsmoment**). Wegen der Wertung des § 58 II VwGO i.d.R. keine Verwirkung vor Ablauf eines Jahres.

Ⓟ Rechtsschutzbedürfnis – vorheriger Antrag an die Behörde
Fehlender vorheriger Antrag ist unschädlich, wenn die Behörde bereits signalisiert hat, dass sie den Anspruch nicht erfüllen wird.

PRÜFUNGSSCHEMA

SCHEMA

Leistungsklage – Begründetheit der Klage

A. Zulässigkeit der Klage

B. Objektive Klagehäufung, § 44 VwGO

C. Subjektive Klagehäufung bzw. Streitgenossenschaft, § 64 VwGO i.V.m. §§ 59 ff. ZPO

D. Beiladung, § 65 VwGO

E. Begründetheit der Klage

Obersatz: Die Leistungsklage ist begründet, soweit der behauptete Anspruch tatsächlich besteht.

Gutachten: Gleicher Prüfungsaufbau wie bei der Verpflichtungsklage.

Maßgeblicher Zeitpunkt für die Beurteilung der Begründetheit ist ebenfalls **identisch mit** demjenigen der **Verpflichtungsklage**.

I. Anspruchsgrundlage

II. Formelle Anspruchsvoraussetzungen

1. Zuständige Behörde

2. Verfahren

3. Formgerechter Antrag

III. Materielle Anspruchsvoraussetzungen

1. Tatbestand

2. Rechtsfolge

PRÜFUNGSSCHEMA

GRUNDSCHEMA FESTSTELLUNGSKLAGE (FK), § 43 I VwGO

A. Zulässigkeit der Klage

- **I. Eröffnung des Verwaltungsrechtswegs**
- **II. Statthafte Klageart**
  - **1. Bestehen oder Nichtbestehen eines Rechtsverhältnisses oder Nichtigkeit eines VA, § 43 I VwGO**
  - **2. Subsidiarität, § 43 II VwGO**
- **III. Feststellungsinteresse**
- **IV. Klagebefugnis**
- **V. Erfolgloses, ordnungsgemäß durchgeführtes Vorverfahren, §§ 68 ff. VwGO**
- **VI. Klagegegner**
- **VII. Beteiligungs- und Prozessfähigkeit, §§ 61, 62 VwGO**
- **VIII. Klagefrist**

B. Objektive Klagehäufung, § 44 VwGO

C. Subjektive Klagehäufung bzw. Streitgenossenschaft, § 64 VwGO i.V.m. §§ 59 ff. ZPO

D. Beiladung, § 65 VwGO

E. Begründetheit der Klage

PRÜFUNGSSCHEMA

SCHEMA MIT DEFINITIONEN UND PROBLEMÜBERSICHT

Feststellungsklage – Zulässigkeit der Klage

Beachte: Es werden nur die Definitionen und Probleme dargestellt, die von der Anfechtungs- und Verpflichtungsklage abweichen.

A. Zulässigkeit der Klage

I. Eröffnung des Verwaltungsrechtswegs

II. Statthafte Klageart

1. Bestehen oder Nichtbestehen eines Rechtsverhältnisses oder Nichtigkeit eines VA, § 43 I VwGO

DEFINITION

Ein Rechtsverhältnis sind die sich aus einem **konkreten Sachverhalt** aufgrund **öff.-rechtlicher Normen** ergebenden **Rechtsbeziehungen** zwischen Personen oder zwischen einer Person und einer Sache.

Ⓟ Erledigtes Rechtsverhältnis

2. Subsidiarität, § 43 II VwGO

FK ist gegenüber allen anderen Klagearten subsidiär, weil **Feststellungsurteile nicht vollstreckbar** sind, sodass die anderen Klagearten i.d.R. rechtsschutzintensiver sind. Zudem dürfen **§§ 68 ff. VwGO nicht unterlaufen** werden, die für FK nicht gelten.

Ⓟ Ausnahmen von der Subsidiarität

Gutachten: Es steht einem frei, die Prüfung der statthaften Klageart mit der FK zu beginnen, um dann inzident die anderen Klagearten zu verneinen, oder mit den anderen Klagearten zu starten, um nach deren Ablehnung automatisch bei der FK zu landen.

III. Feststellungsinteresse

„berechtigtes Interesse" i.S.v. § 43 I VwGO = jedes schutzwürdige Interesse rechtlicher, wirtschaftlicher oder ideeller Art.

IV. Klagebefugnis

Ⓟ Analoge Anwendung des § 42 II VwGO

V. Erfolgloses, ordnungsgemäß durchgeführtes Vorverfahren, §§ 68 ff. VwGO

Grds. wegen Abschnittsüberschrift der §§ 68 ff. VwGO unstatthaft.
Ausnahme: § 54 II 1 BeamtStG bzw. § 126 II 1 BBG.

VI. Klagegegner

Grds. allgemeines Rechtsträgerprinzip.
Ausnahme: § 54 II 1 BeamtStG bzw. § 126 II 1 BBG i.V.m. § 78 I Nr. 1 VwGO.

VII. Beteiligungs- und Prozessfähigkeit, §§ 61, 62 VwGO

VIII. Klagefrist

Keine Klagefrist wegen systematischer Stellung des § 74 VwGO im 8. Abschnitt der VwGO.
Ausnahme: § 54 II 1 BeamtStG bzw. § 126 II 1 BBG i.V.m. § 74 I VwGO.

DIE WICHTIGSTEN PROBLEME – LÖSUNGSANSÄTZE

Ⓟ Statthafte Klageart – erledigtes Rechtsverhältnis

Es sind die vom Fortsetzungsfeststellungsinteresse der FFK bekannten Fallgruppen heranzuziehen.

Gutachten: Dieses Problem kann alternativ auch erst im Prüfungspunkt „Feststellungsinteresse" erörtert werden.

Ⓟ Statthafte Klageart – Ausnahmen von der Subsidiarität

- § 43 II 2 VwGO
- **FK** ist **rechtsschutzintensiver** als die anderen Klagearten **und** die **§§ 68 ff. VwGO werden nicht unterlaufen**. Beispiel: Muslim will festgestellt haben, dass er in Zukunft keine Genehmigung mehr für das Schächten von Tieren benötigt; das ist rechtsschutzintensiver als eine jährliche Verpflichtungsklage auf Erteilung einer Ausnahmegenehmigung und unterläuft auch nicht §§ 68 ff. VwGO.
- Respr.: Keine Subsidiarität gegenüber der Leistungsklage, wenn diese sich gegen einen Hoheitsträger richtet. Denn §§ 68 ff. VwGO können nicht unterlaufen werden, weil sie auch bei der Leistungsklage nicht greifen. Die fehlende Vollstreckbarkeit des Feststellungsurteils ist unschädlich, weil sich ein Hoheitsträger wegen Art. 20 III GG auch an solche Urteile hält (sog. **Ehrenmanntheorie**). Kritik: Klagen richten sich im öff. Recht fast immer gegen Hoheitsträger, die Respr. unterläuft also den klaren Wortlaut des § 43 II 1 VwGO.

Ⓟ Klagebefugnis – analoge Anwendung des § 42 II VwGO

Da der Gesetzgeber für die FK keine Klagebefugnis normiert hat und stattdessen ein Feststellungsinteresse verlangt, ist **fraglich**, ob die für eine analoge Anwendung des § 42 II VwGO erforderliche **planwidrige Regelungslücke** existiert.

Gutachten: In einer Klausur dürfte es auf den Streit kaum ankommen, da der Kläger fast immer klagebefugt ist. Es kann dann wie folgt formuliert werden: „Zwar ist fraglich, ob § 42 II VwGO analog auf die FK anzuwenden ist. Auf die damit verbundene rechtliche Auseinandersetzung kommt es aber nicht an, wenn der Kläger klagebefugt ist."

PRÜFUNGSSCHEMA

SCHEMA

Feststellungsklage – Begründetheit der Klage

A. Zulässigkeit der Klage

B. Objektive Klagehäufung, § 44 VwGO

C. Subjektive Klagehäufung bzw. Streitgenossenschaft, § 64 VwGO i.V.m. §§ 59 ff. ZPO

D. Beiladung, § 65 VwGO

E. Begründetheit der Klage

Obersatz: Die Feststellungsklage ist begründet, soweit das behauptete Rechtsverhältnis besteht (sog. positive Feststellungsklage) bzw. nicht besteht (sog. negative Feststellungsklage).

Gutachten: Grds. Prüfungsaufbau wie bei der Anfechtungsklage, jedoch ohne den Prüfungspunkt „Rechtsverletzung". Ausnahme: Geht es um die Feststellung des Bestehens eines Anspruchs, ist der Prüfungsaufbau identisch mit demjenigen der Leistungsklage.

Maßgeblicher Zeitpunkt für die Beurteilung der Begründetheit ist der **Zeitpunkt oder Zeitraum, der im Klageantrag genannt ist**.

BEISPIEL: Beantragt der Kläger die Feststellung, dass seine polizeiliche Überwachung vom 2.3.-10.3. rechtswidrig war, kommt es für die Begründetheit der FK auf diesen Zeitraum an.

PRÜFUNGSSCHEMA

GRUNDSCHEMA NORMENKONTROLLE, § 47 VwGO

A. Zulässigkeit des Antrags
- **I. Eröffnung des Verwaltungsrechtswegs**
- **II. Statthaftigkeit des Antrags, § 47 I VwGO**
- **III. Antragsbefugnis, § 47 II 1 VwGO**
- **IV. Antragsgegner, § 47 II 2 VwGO (Rechtsträgerprinzip)**
- **V. Beteiligungs- und Prozessfähigkeit, §§ 61, 62 VwGO**
- **VI. Antragsfrist, § 47 II 1 VwGO**

B. Objektive Antragshäufung, § 44 VwGO analog

C. Subjektive Antragshäufung bzw. Streitgenossenschaft, § 64 VwGO i.V.m. §§ 59 ff. ZPO

D. Beiladung, § 65 VwGO

E. Begründetheit des Antrags
- **I. Rechtsgrundlage für das Gesetz**
- **II. Formelle Rechtmäßigkeit des Gesetzes**
  - **1. Zuständigkeit**
  - **2. Verfahren**
  - **3. Form**
- **III. Materielle Rechtmäßigkeit des Gesetzes**
  - **1. Tatbestand**
  - **2. Rechtsfolge**

PRÜFUNGSSCHEMA

SCHEMA MIT DEFINITIONEN UND PROBLEMÜBERSICHT

Normenkontrolle, § 47 VwGO – Zulässigkeit des Antrags

Beachte: Es werden nur die Definitionen und Probleme dargestellt, die von der Anfechtungsklage abweichen.

Terminologie: Im Einklang mit dem Wortlaut des § 47 VwGO heißt es „Antrag" und nicht „Klage".

A. Zulässigkeit des Antrags

I. Eröffnung des Verwaltungsrechtswegs

Ⓟ „im Rahmen seiner Gerichtsbarkeit"

II. Statthaftigkeit des Antrags, § 47 I VwGO

§ 47 I Nr. 1 VwGO i.V.m. § 10 I BauGB

Ⓟ § 47 I Nr. 1 VwGO analog bei Flächennutzungsplan (F-Plan)

§ 47 I Nr. 2 VwGO i.V.m. **§ 24 I SächsJG**: „im Rang unter dem Landesgesetz"

DEFINITION

Gemeint sind alle Gesetze, die im Rang **unter** dem **formellen Landesrecht** (= den vom Landtag erlassenen Gesetzen) stehen, insbesondere **Satzungen und Rechtsverordnungen der Städte und Gemeinden**.

III. Antragsbefugnis, § 47 II 1 VwGO

Erforderlich ist (wie bei der Anfechtungsklage) eine mögliche Rechtsverletzung.

Ⓟ Behördenprivileg

IV. Antragsgegner, § 47 II 2 VwGO (Rechtsträgerprinzip)

V. Beteiligungs- und Prozessfähigkeit, §§ 61, 62 VwGO

VI. Antragsfrist, § 47 II 1 VwGO

DIE WICHTIGSTEN PROBLEME – LÖSUNGSANSÄTZE

Verwaltungsrechtsweg – „im Rahmen seiner Gerichtsbarkeit“

DEFINITION
Auch für den **Vollzug** des angegriffenen Gesetzes muss der Verwaltungsrechtsweg eröffnet sein. Das OVG bzw. der VGH soll nämlich nicht abstrakt ein Gesetz überprüfen können, für dessen konkrete Anwendung die Gerichte anderer Rechtszweige zuständig sind.

BEISPIEL: Befindet sich in einer Satzung eine Bußgeldvorschrift, kann diese nicht beim OVG/VGH angegriffen werden, weil für ihre Anwendung die Strafgerichte zuständig sind.

Statthaftigkeit des Antrags - § 47 I Nr. 1 VwGO analog bei F-Plan

Haben einzelne **Darstellungen eines F-Plans** ausnahmsweise **kraft Gesetzes Außenwirkung** (z.B. § 35 III 3 BauGB), können Sie analog § 47 I Nr. 1 VwGO angegriffen werden. Denn Darstellungen in einem F-Plan, die Außenwirkung haben, wirken faktisch wie Festsetzungen in einem Bebauungsplan (B-Plan) und sind bzgl. ihrer Anfechtbarkeit dann auch genauso, also nach § 47 I Nr. 1 VwGO, zu behandeln.

Antragsbefugnis – Behördenprivileg

Behörden können den Antrag nach § 47 VwGO stellen, **ohne** eine **Rechtsverletzung rügen zu müssen** (vgl. Wortlaut des § 47 II 1 VwGO, sog. Behördenprivileg). Einschränkend wird allerdings verlangt, dass nur die Behörden den Antrag stellen dürfen, die bei ihrer Verwaltungstätigkeit das Gesetz beachten müssen.

BEISPIEL: Bauaufsichtsbehörde in NRW darf nicht B-Plan in Bayern angreifen.

PRÜFUNGSSCHEMA

SCHEMA

Normenkontrolle – Begründetheit des Antrags

A. Zulässigkeit des Antrags

B. Objektive Antragshäufung, § 44 VwGO analog

C. Subjektive Antragshäufung bzw. Streitgenossenschaft, § 64 VwGO i.V.m. §§ 59 ff. ZPO

D. Beiladung, § 65 VwGO

E. Begründetheit des Antrags

Obersatz: Der Normenkontrollantrag ist begründet, soweit das angegriffene Gesetz gegen höherrangiges Recht verstößt und dieser Rechtsverstoß zu seiner Unwirksamkeit führt.

Beachte: Rechtsverstoß führt nicht zur Unwirksamkeit des Gesetzes, wenn er nach dem höherrangigen Recht unbeachtlich ist oder geheilt wurde (z.B. §§ 214, 215 BauGB).

Objektives Beanstandungsverfahren = es wird alles überprüft, nicht nur ein Verstoß gegen subjektive Rechte des Antragstellers. Daher Prüfungsaufbau wie bei der Anfechtungsklage, jedoch ohne den Prüfungspunkt „Rechtsverletzung".

Maßgeblicher Zeitpunkt für die Beurteilung der Begründetheit ist der **Zeitpunkt der letzten mündlichen Verhandlung** (in der letzten Gerichtsinstanz), weil das angegriffene Gesetz Dauerwirkung hat und daher dauerhaft im Einklang mit höherrangigem Recht stehen muss.

I. Rechtsgrundlage für das Gesetz

II. Formelle Rechtmäßigkeit des Gesetzes

1. Zuständigkeit
= die juristische Person oder Behörde, die für den Erlass des Gesetzes zuständig ist.

2. Verfahren
§ 28 VwVfG (-), da kein VA. Relevant sind stattdessen regelmäßig **Verfahrensregelungen aus** dem **BauGB** und der **SächsGemO**.

3. Form
= ordnungsgemäße Bekanntmachung des Gesetzes.

III. Materielle Rechtmäßigkeit des Gesetzes

1. Tatbestand

2. Rechtsfolge

2. Teil: Vorläufiger Rechtsschutz

Gutachten: Auf die Fallfrage „Hat der Antrag Aussicht auf Erfolg?" lautet der Obersatz: „Der Antrag hat Erfolg, soweit er zulässig und begründet ist".
Terminologie: Im Einklang mit dem Wortlaut der §§ 80 V 1, 80a, 123 I VwGO heißt es „Antrag" und nicht „Klage".

PRÜFUNGSSCHEMA

GRUNDSCHEMA ANTRAG GEM. § 80 V 1 VwGO

A. Zulässigkeit des Antrags
- **I. Eröffnung des Verwaltungsrechtswegs**
- **II. Statthafte Antragsart**
- **III. Antragsbefugnis, § 42 II VwGO analog**
- **IV. Antragsgegner, § 78 I Nr. 1 VwGO analog**
- **V. Beteiligungs- und Prozessfähigkeit, §§ 61, 62 VwGO**
- **VI. Rechtsschutzbedürfnis**
  1. **Widerspruch erhoben, der nicht evident unzulässig ist**
  2. **Keine aufschiebende Wirkung (a.W.) des Widerspruchs, § 80 II VwGO**
  3. **Vorheriger Antrag an die Behörde**

B. Objektive Antragshäufung, § 44 VwGO analog

C. Subjektive Antragshäufung bzw. Streitgenossenschaft, § 64 VwGO i.V.m. §§ 59 ff. ZPO

D. Beiladung, § 65 VwGO

E. Begründetheit des Antrags
- **I. Ggf. formelle Rechtmäßigkeit der Anordnung der sofortigen Vollziehung**
  1. **Zuständigkeit, § 80 II 1 Nr. 4 VwGO**
  2. **Verfahren**
  3. **Form, § 80 III VwGO**
- **II. Interessenabwägung**
  = Abwägung Aussetzungsinteresse des Antragstellers (Ast.) ←→ öff. Vollzugsinteresse.
  1. **Ermächtigungsgrundlage für den VA**
  2. **Formelle Rechtmäßigkeit des VA**
  3. **Materielle Rechtmäßigkeit des VA**
  4. **Rechtsverletzung**

PRÜFUNGSSCHEMA

SCHEMA MIT DEFINITIONEN UND PROBLEMÜBERSICHT

Antrag gem. § 80 V 1 VwGO – Zulässigkeit des Antrags

Beachte: Es werden nur die Definitionen und Probleme dargestellt, die von der Anfechtungsklage abweichen.

A. Zulässigkeit des Antrags

Ⓟ Maßgeblicher Zeitpunkt für die Beurteilung der Zulässigkeit des Antrags

I. Eröffnung des Verwaltungsrechtswegs

II. Statthafte Antragsart

Abgrenzungsnorm des **§ 123 V VwGO** → Verfahren nach §§ 80 V 1, 80a VwGO haben Vorrang gegenüber § 123 I VwGO. **§§ 80 V 1, 80a VwGO** sind einschlägig, wenn im **Klageverfahren (= Hauptsacheverfahren)** die **Anfechtungsklage statthaft** ist (vgl. § 80 V 2 VwGO). Abgrenzung § 80 V 1 ←→ § 80a VwGO: **§ 80 V 1 VwGO** erfasst **Zweipersonenverhältnisse** (Ast. gegen Behörde), **§ 80a VwGO Dreipersonenverhältnisse** (z.B. Ast. greift die dem Dritten von der Behörde erteilte Baugenehmigung an).

Ⓟ Faktischer Vollzug

III. Antragsbefugnis, § 42 II VwGO analog

IV. Antragsgegner, § 78 I Nr. 1 VwGO analog

V. Beteiligungs- und Prozessfähigkeit, §§ 61, 62 VwGO

VI. Rechtsschutzbedürfnis

1. Widerspruch erhoben, der nicht evident unzulässig ist

Ⓟ Widerspruch vor Antragstellung bei Gericht erforderlich?
„nicht evident unzulässig" = Widerspruch darf **nicht evident zu spät** erhoben worden sein, weil er dann von Anfang an keine a.W. hat, sodass es nichts gibt, was angeordnet bzw. wiederhergestellt werden kann.

2. Keine aufschiebende Wirkung (a.W.) des Widerspruchs, § 80 II VwGO

Wichtige Fälle:

- § 80 II 1 Nr. 3 VwGO i.V.m. § 212a I BauGB, §§ 11, 24 III 2 SächsVwVG
- § 80 II 1 Nr. 4 VwGO: Anordnung muss ausdrücklich erfolgen („besonders angeordnet")

Beachte: In den Fällen des § 80 II 1 Nr. 1-3a VwGO wird die a.W. „angeordnet", im Fall des § 80 II 1 Nr. 4 VwGO „wiederhergestellt".

Gutachten: Prüfungspunkt kann alternativ bereits bei statthafter Antragsart gebracht werden.

3. Vorheriger Antrag an die Behörde

Gem. § 80 VI 1 VwGO nur zwingend im Fall des § 80 II 1 Nr. 1 VwGO, ansonsten also nicht. Zudem stets entbehrlich in den Fällen des § 80 VI 2 VwGO.

DIE WICHTIGSTEN PROBLEME – LÖSUNGSANSÄTZE

Ⓟ Maßgeblicher Zeitpunkt für die Beurteilung der Zulässigkeit des Antrags
Maßgeblich ist der Zeitpunkt der letzten mündlichen Verhandlung (bis zur letzten Gerichtsinstanz).

Ⓟ Statthafte Antragsart – faktischer Vollzug
Faktischer Vollzug ist die drohende Vollstreckung eines VA, obwohl kein Fall des § 80 II VwGO vorliegt, also a.W. gem. § 80 I VwGO besteht und der VA somit nicht vollstreckt werden darf. In dieser Situation bringt Antrag gem. § 80 V 1 VwGO auf Anordnung bzw. Wiederherstellung der a.W. nichts, da sie bereits existiert. Deshalb **Antrag analog § 80 V 1 VwGO** auf **Feststellung des Bestehens der a.W.**

Ⓟ Rechtsschutzbedürfnis – Widerspruch erforderlich
Nach h.M. muss zumindest zeitgleich mit dem Antrag bei Gericht auch Widerspruch eingelegt werden, weil es anderenfalls nichts gibt, dessen a.W. das Gericht gem. § 80 V 1 VwGO anordnen bzw. wiederherstellen kann. Nach a.A. nicht erforderlich, weil damit faktisch die Widerspruchsfrist des § 70 I VwGO verkürzt wird, da der Eilantrag zeitnah gestellt wird und der Ast. damit nicht die Möglichkeit hat, die Monatsfrist des § 70 I VwGO auszunutzen.
Unstreitig ist Widerspruch nicht erforderlich, wenn er gem. **§ 68 I 2 VwGO** unzulässig ist.

PRÜFUNGSSCHEMA

SCHEMA MIT PROBLEMÜBERSICHT

Antrag gem. § 80 V 1 VwGO – Begründetheit des Antrags

A. Zulässigkeit des Antrags

B. Objektive Antragshäufung, § 44 VwGO analog

C. Subjektive Antragshäufung bzw. Streitgenossenschaft, § 64 VwGO i.V.m. §§ 59 ff. ZPO

D. Beiladung, § 65 VwGO

E. Begründetheit des Antrags

Obersatz im Fall des § 80 II 1 Nr. 1-3a VwGO: Der Antrag ist begründet, soweit nach einer vom Gericht selbständig durchzuführenden Interessenabwägung das Aussetzungsinteresse des Ast. Vorrang hat vor dem öff. Vollzugsinteresse. Von maßgeblicher Bedeutung sind in diesem Zusammenhang die Erfolgsaussichten im Hauptsacheverfahren.

Obersatz im Fall des § 80 II 1 Nr. 4 VwGO: Der Antrag ist begründet, soweit die Anordnung der sofortigen Vollziehung formell rechtswidrig ist oder nach einer vom Gericht selbständig durchzuführenden Interessenabwägung das Aussetzungsinteresse des Ast. Vorrang hat vor dem öff. Vollzugsinteresse. Von maßgeblicher Bedeutung sind in diesem Zusammenhang die Erfolgsaussichten im Hauptsacheverfahren.

Ⓟ Maßgeblicher Zeitpunkt für die Beurteilung der Begründetheit

I. Ggf. formelle Rechtmäßigkeit der Anordnung der sofortigen Vollziehung (AsV)

1. Zuständigkeit, § 80 II 1 Nr. 4 VwGO

2. Verfahren

Ⓟ Analoge Anwendung des § 28 VwVfG

3. Form, § 80 III VwGO

Ⓟ Anforderungen an die Begründung

Ⓟ Nachholen der Begründung

II. **Interessenabwägung**
= Abwägung **Aussetzungsinteresse** des Antragstellers (Ast.) ←→ **öff. Vollzugsinteresse.**
Ⓟ Maßgeblichkeit der Erfolgsaussichten in der Hauptsache
1. **Ermächtigungsgrundlage für den VA**
2. **Formelle Rechtmäßigkeit des VA**
3. **Materielle Rechtmäßigkeit des VA**
Ⓟ Besonderes Vollzugsinteresse im Fall des § 80 II 1 Nr. 4 VwGO
4. **Rechtsverletzung**

DIE WICHTIGSTEN PROBLEME – LÖSUNGSANSÄTZE

Ⓟ Begründetheit des Antrags – maßgeblicher Zeitpunkt für die Beurteilung der Begründetheit
Zeitpunkt der gerichtlichen Entscheidung (folgt aus § 80 VII VwGO).

Ⓟ Formelle Rechtmäßigkeit der AsV – Anhörung
Direkte Anwendung des § 28 VwVfG (-), ist kein VA, da die AsV mangels Antragsfrist nicht bestandskräftig werden kann, was für einen VA gerade typisch ist. Analoge Anwendung des § 28 VwVfG (-), planwidrige Regelungslücke fehlt. Gesetzgeber hat die formellen Anforderungen an die AsV abschließend in § 80 VwGO geregelt.

Ⓟ Formelle Rechtmäßigkeit der AsV – Anforderungen an die Begründung
Begründung nach § 80 III VwGO muss **Einzelfallbezug** aufweisen, es muss klar werden, warum die Behörde von der Regel des § 80 I VwGO abweicht. Verweis auf die Begründung, die von der Behörde für den Erlass des VA geliefert wurde, genügt nur ausnahmsweise, wenn sich daraus eindeutig die Eilbedürftigkeit ergibt.

Ⓟ Formelle Rechtmäßigkeit der AsV – Nachholen der Begründung
Für das Nachholen einer unzureichenden Begründung während des Gerichtsverfahrens spricht, dass die AsV jederzeit komplett neu erlassen werden kann. Dann könnte es erst recht zulässig, sie nachträglich zu begründen bzw. eine unzureichende Begründung zu verbessern. Dagegen spricht, dass der mit § 80 III VwGO bezweckte **Warneffekt** dann **nicht erreicht** wird (Warneffekt = Behörde soll durch Begründungspflicht gezwungen werden, vor Erlass der AsV über deren Notwendigkeit nachzudenken).

Ⓟ Interessenabwägung – Maßgeblichkeit der Erfolgsaussichten in der Hauptsache
Die Erfolgsaussichten in der Hauptsache (= Begründetheit der späteren Anfechtungsklage) sind maßgeblich, weil am Vollzug eines rechtswidrigen VA, der die Rechte des Ast. verletzt, kein berechtigtes öff. Interesse bestehen kann. In diesem Fall überwiegt also automatisch das Aussetzungsinteresse des Ast.

Ⓟ Materielle Rechtmäßigkeit des VA – besonderes Vollzugsinteresse im Fall des § 80 II 1 Nr. 4 VwGO
Rechtmäßigkeit des VA führt in den Fällen des § 80 II 1 Nr. 1-3a VwGO automatisch zu einem Überwiegen des öff. Vollzugsinteresses. Im Fall des **§ 80 II 1 Nr. 4 VwGO** muss hingegen **zusätzlich** noch das **Vorliegen eines besonderen Vollzugsinteresses** geprüft werden, weil ansonsten jeder rechtmäßige VA für sofort vollziehbar erklärt werden dürfte, sodass die Behörde die Regel des § 80 I VwGO aushebeln könnte.
Geprüft wird das besondere Vollzugsinteresse durch eine **Folgenbetrachtung** (sog. Doppelhypothese): für wen sind die Folgen härter, wenn der Antrag abgelehnt bzw. ihm stattgegeben wird?

PRÜFUNGSSCHEMA

GRUNDSCHEMA ANTRAG GEM. § 80a VwGO

A. Zulässigkeit des Antrags

I. Eröffnung des Verwaltungsrechtswegs

II. Statthafte Antragsart

III. Antragsbefugnis, § 42 II VwGO analog

IV. Antragsgegner, § 78 I Nr. 1 VwGO analog

V. Beteiligungs- und Prozessfähigkeit, §§ 61, 62 VwGO

VI. Rechtsschutzbedürfnis

1. Widerspruch erhoben, der nicht evident unzulässig ist

2. Keine aufschiebende Wirkung (a.W.) des Widerspruchs, § 80 II VwGO

3. Vorheriger Antrag an die Behörde

B. Objektive Antragshäufung, § 44 VwGO analog

C. Subjektive Antragshäufung bzw. Streitgenossenschaft, § 64 VwGO i.V.m. §§ 59 ff. ZPO

D. Beiladung, § 65 VwGO

E. Begründetheit des Antrags
Interessenabwägung
= Abwägung Aussetzungsinteresse des Antragstellers (Ast.) ←→ öff. Vollzugsinteresse.

I. Ermächtigungsgrundlage für den VA

II. Formelle Rechtmäßigkeit des VA

III. Materielle Rechtmäßigkeit des VA

IV. Rechtsverletzung

SCHEMA MIT PROBLEMÜBERSICHT

Antrag gem. § 80a VwGO – Zulässigkeit des Antrags

Beachte: Es werden nur die Definitionen und Probleme dargestellt, die von dem Antrag gem. § 80 V 1 VwGO abweichen.

A. Zulässigkeit des Antrags

I. Eröffnung des Verwaltungsrechtswegs

II. Statthafte Antragsart
§ 80a VwGO ist einschlägig, wenn im Hauptsacheverfahren eine Anfechtungsklage im Dreipersonenverhältnis vorliegt.

Ⓟ Prüfungsreihenfolge bei § 80a VwGO

III. Antragsbefugnis, § 42 II VwGO analog
Ⓟ Drittanfechtung

IV. Antragsgegner, § 78 I Nr. 1 VwGO analog

V. Beteiligungs- und Prozessfähigkeit, §§ 61, 62 VwGO

VI. **Rechtsschutzbedürfnis**

1. **Widerspruch erhoben, der nicht evident unzulässig ist**
   Ⓟ Verwirkung des Widerspruchsrechts bei Baugenehmigung
2. **Keine aufschiebende Wirkung (a.W.) des Widerspruchs, § 80 II VwGO**
3. **Vorheriger Antrag an die Behörde**
   Ⓟ Verweis des § 80a III 2 VwGO auf § 80 VI VwGO

DIE WICHTIGSTEN PROBLEME – LÖSUNGSANSÄTZE

Ⓟ Statthafte Antragsart – Prüfungsreihenfolge bei § 80a VwGO

Ist § 80a VwGO einschlägig, ist wie folgt zu verfahren:

1. Prüfung, ob der angegriffene VA für den Adressaten begünstigend und für den Dritten belastend ist (➔ **§ 80a I VwGO**, z.B. Anfechtung einer Baugenehmigung durch den Nachbarn) oder ob der umgekehrte Fall vorliegt (➔ **§ 80a II VwGO**, z.B. Nachbar hat Erlass einer Beseitigungsverfügung gegenüber dem Bauherrn erwirkt).
2. Klären, was der Ast. gem. § 80a I oder II VwGO ursprünglich von der Verwaltung begehrt hat.

   BEISPIEL: Nachbar greift Baugenehmigung an ➔ § 80a I VwGO. Will, dass Bauherr nicht weiter baut ➔ § 80a I Nr. 2 VwGO: Aussetzung der Vollziehung.
3. Was will der Ast. vom **Gericht, §80a III VwGO**?

   BEISPIEL: Behörde hat Vollziehung nicht gem. § 80a I Nr. 2 VwGO ausgesetzt ➔ Gericht soll Vollziehung aussetzen gem. § 80a III 1, I Nr. 2 VwGO.

   Beachte: Geht es um eine gerichtliche Entscheidung, muss immer § 80a III VwGO zitiert werden, da nur dieser Absatz die Handlungsmöglichkeiten des Gerichts nennt.

   Terminologie: „Aussetzung der Vollziehung" ist inhaltlich identisch mit „Anordnung/Wiederherstellung der a.W."

Ⓟ Antragsbefugnis - Drittanfechtung

Siehe bei der Anfechtungsklage die Ausführungen zur Klagebefugnis – Drittanfechtung.

Ⓟ Rechtsschutzbedürfnis – Verwirkung des Widerspruchsrechts bei Baugenehmigung

Wird eine Baugenehmigung dem Nachbarn nicht bekanntgegeben, läuft mangels Bekanntgabe keine Widerspruchsfrist gem. § 70 I VwGO. **Sobald** der **Nachbar** aber **von** der **Baugenehmigung oder** den **Bauarbeiten weiß oder hätte wissen müssen**, wird er so behandelt, **als sei die Baugenehmigung bekanntgegeben**. Ab dann kommt Verwirkung in Betracht, die wegen Wertung des § 58 II VwGO aber erst nach 1 Jahr eintritt.

Ⓟ Rechtsschutzbedürfnis – Verweis des § 80a III 2 VwGO auf § 80 VI VwGO

Bei wörtlichem Verständnis dieses Verweises muss ein vorheriger Antrag an die Behörde nur gestellt werden, wenn ein Dritter den an eine andere Person adressierten Abgaben- oder Kostenbescheid (= § 80 II 1 Nr. 1 VwGO) angreift, was in der Realität aber nicht geschieht (warum soll A einen an B gerichteten Kostenbescheid angreifen?). Daher ist vertretbar, den Verweis als sog. Rechtsfolgenverweis zu begreifen, sodass der Dritte stets erst einen Antrag an die Behörde stellen muss, bevor er zu Gericht gehen darf. Das Problem muss in einer Klausur aber i.d.R. nicht gelöst werden wegen **§ 80 VI 2 Nr. 2 VwGO**.

PRÜFUNGSSCHEMA

SCHEMA MIT PROBLEMÜBERSICHT

Antrag gem. § 80a VwGO – Begründetheit des Antrags

Beachte: Es werden nur die Definitionen und Probleme dargestellt, die von dem Antrag gem. § 80 V 1 VwGO abweichen.

A. Zulässigkeit des Antrags

B. Objektive Antragshäufung, § 44 VwGO analog

C. Subjektive Antragshäufung bzw. Streitgenossenschaft, § 64 VwGO i.V.m. §§ 59 ff. ZPO

D. Beiladung, § 65 VwGO

E. Begründetheit des Antrags

Obersatz: Der Antrag ist begründet, soweit nach einer vom Gericht selbständig durchzuführenden Interessenabwägung das Aussetzungsinteresse des Ast. Vorrang hat vor dem Interesse der Öffentlichkeit (und ggf. des Beigeladenen) am Vollzug des VA. Von maßgeblicher Bedeutung sind in diesem Zusammenhang die Erfolgsaussichten im Hauptsacheverfahren.

Ⓟ Maßgeblicher Zeitpunkt für die Beurteilung der Begründetheit

Interessenabwägung
= Abwägung Aussetzungsinteresse des Antragstellers (Ast.) ←→ öff. Vollzugsinteresse.

Ⓟ Maßgeblichkeit der Erfolgsaussichten in der Hauptsache

Ⓟ Prüfungsumfang in Fällen der Drittanfechtung

DIE WICHTIGSTEN PROBLEME – LÖSUNGSANSÄTZE

Ⓟ Begründetheit des Antrags – maßgeblicher Zeitpunkt für die Beurteilung der Begründetheit
Zeitpunkt der gerichtlichen Entscheidung (folgt aus § 80a III 2 i.V.m. § 80 VII VwGO).

Ⓟ Interessenabwägung – Maßgeblichkeit der Erfolgsaussichten in der Hauptsache
Die Erfolgsaussichten in der Hauptsache (= Begründetheit der späteren Anfechtungsklage) sind maßgeblich, weil am Vollzug eines rechtswidrigen VA, der die Rechte des Ast. verletzt, kein berechtigtes öff. Interesse bestehen kann. In diesem Fall überwiegt also automatisch das Aussetzungsinteresse des Ast. Umgekehrt überwiegt bei fehlenden Erfolgsaussichten in der Hauptsache (= spätere Anfechtungsklage ist unbegründet) automatisch das Vollzugsinteresse. Es muss also **nicht zusätzlich** noch ein **besonderes Vollzugsinteresse** vorliegen, weil die a.W. hier immer kraft Gesetzes gem. § 80 II 1 Nr. 1-3a VwGO entfällt. Damit macht der Gesetzgeber deutlich, dass der VA vollzogen werden soll. Zudem tritt neben das öff. Vollzugsinteresse auch dasjenige des Beigeladenen (=Adressat des VA). Beide Interessen zusammen überwiegen bei einem rechtmäßigen VA das Aussetzungsinteresse des Ast.

Ⓟ Interessenabwägung – Prüfungsumfang in den Fällen der Drittanfechtung
Da sich der Ast. im Fall einer Drittanfechtung nur auf drittschützende Normen berufen kann, ist es an sich geboten, nur diese drittschützenden Normen i.R.d. Begründetheit zu prüfen. Etwas anderes gilt jedoch, wenn der Bearbeitervermerk ein umfassendes Gutachten fordert. Dann ist der „normale" Prüfungsaufbau der Anfechtungsklage zu wählen. Sollte der VA rechtswidrig sein, muss im Prüfungspunkt „Rechtsverletzung" geklärt werden, ob der Ast. in einer drittschützenden Norm verletzt ist.

GRUNDSCHEMA ANTRAG GEM. § 123 I VwGO

A. Zulässigkeit des Antrags

- **I. Eröffnung des Verwaltungsrechtswegs**
- **II. Statthafte Antragsart**
- **III. Antragsbefugnis, § 42 II VwGO analog**
- **IV. Antragsgegner, § 78 I Nr. 1 VwGO analog**
- **V. Beteiligungs- und Prozessfähigkeit, §§ 61, 62 VwGO**
- **VI. Rechtsschutzbedürfnis**

B. Objektive Antragshäufung, § 44 VwGO analog

C. Subjektive Antragshäufung bzw. Streitgenossenschaft, § 64 VwGO i.V.m. §§ 59 ff. ZPO

D. Beiladung, § 65 VwGO

E. Begründetheit des Antrags

- **I. Anordnungsanspruch**
- **II. Anordnungsgrund, § 123 I VwGO**
- **III. Gerichtliche Entscheidung, § 123 III VwGO i.V.m. § 938 ZPO**

SCHEMA MIT PROBLEMÜBERSICHT

Antrag gem. § 123 I VwGO – Zulässigkeit des Antrags

A. Zulässigkeit des Antrags

Ⓟ Maßgeblicher Zeitpunkt für die Beurteilung der Zulässigkeit des Antrags

I. Eröffnung des Verwaltungsrechtswegs

II. Statthafte Antragsart

Zur Abgrenzung §§ 80 V 1, 80a VwGO ←→ § 123 I VwGO siehe oben die Ausführungen zu §§ 80 V 1, 80a VwGO.

Ⓟ Sicherungsanordnung ←→ Regelungsanordnung

III. Antragsbefugnis, § 42 II VwGO analog

Voraussetzung: Möglicher Anspruch und mögliche Eilbedürftigkeit der gerichtlichen Entscheidung.

IV. Antragsgegner

Ⓟ Wonach richtet sich der Antragsgegner?

V. Beteiligungs- und Prozessfähigkeit, §§ 61, 62 VwGO

VI. Rechtsschutzbedürfnis

Ⓟ Vorheriger Antrag an die Behörde

DIE WICHTIGSTEN PROBLEME – LÖSUNGSANSÄTZE

Ⓟ Maßgeblicher Zeitpunkt für die Beurteilung der Zulässigkeit des Antrags
Maßgeblich ist der Zeitpunkt der letzten mündlichen Verhandlung (bis zur letzten Gerichtsinstanz).

Ⓟ Statthafte Antragsart – Sicherungsanordnung ←→ Regelungsanordnung
Sicherungsanordnung, § 123 I 1 VwGO = **Sicherung des status quo**.

BEISPIELE: Untersagung einer Äußerung durch einen Beamten; Verhinderung einer Versammlung vor dem eigenen Haus.

Regelungsanordnung, § 123 I 2 VwGO = **Erweiterung des bestehenden Rechtskreises**.

BEISPIEL: Zugang zu einer Stadthalle, der bisher verwehrt wurde.

Beachte: Es sollte nicht nur festgestellt werden, dass keine Anfechtungsklage vorliegt. Vielmehr ist die statthafte Klageart positiv zu ermitteln (also Verpflichtung-, Leistungs- oder Feststellungsklage).

Ⓟ Antragsgegner – wonach richtet sich der Antragsgegner?
Nach dem **Klagegegner im Hauptsacheverfahren**. Liegt in der Hauptsache eine Verpflichtungsklage vor, ist § 78 I Nr. 1 VwGO analog zu zitieren. Bei Leistungs- und Feststellungsklage ist hingegen das allg. Rechtsträgerprinzip zu nennen.

Ⓟ Rechtsschutzbedürfnis – vorheriger Antrag an die Behörde
Fehlender vorheriger Antrag ist unschädlich, wenn die Behörde bereits signalisiert hat, dass sie den Anspruch nicht erfüllen wird, oder wenn die Entscheidung so eilig ist, dass ein vorheriger Antrag zu einer unzumutbaren Zeitverzögerung führen würde.

PRÜFUNGSSCHEMA

SCHEMA MIT DEFINITIONEN UND PROBLEMÜBERSICHT

Antrag gem. § 123 I VwGO – Begründetheit des Antrags

A. Zulässigkeit des Antrags

B. Objektive Antragshäufung, § 44 VwGO analog

C. Subjektive Antragshäufung bzw. Streitgenossenschaft, § 64 VwGO i.V.m. §§ 59 ff. ZPO

D. Beiladung, § 65 VwGO

E. Begründetheit des Antrags

Obersatz: Der Antrag ist begründet, soweit der Antragsteller einen Anordnungsanspruch und einen Anordnungsgrund glaubhaft gemacht hat, § 123 III VwGO i.V.m. §§ 920 II, 294 ZPO.

Ⓟ Maßgeblicher Zeitpunkt für die Beurteilung der Begründetheit

I. Anordnungsanspruch

= der **materiell-rechtliche Anspruch**, der auch **im Klageverfahren** in der Begründetheit **geprüft wird**.

Gutachten: Prüfungsaufbau also wie bei der Verpflichtungs-, Leistungs- oder Feststellungsklage.

II. Anordnungsgrund, § 123 I VwGO

= **Eilbedürftigkeit** der gerichtlichen Entscheidung.

Glaubhaftmachung von Anordnungsanspruch- und Anordnungsgrund

= überwiegende Wahrscheinlichkeit.

Wie glaubhaft gemacht wird ist in **§ 294 ZPO** geregelt. Glaubhaftmachung spielt in Klausur keine Rolle, da die Klausursachverhalte unstreitig sind. *Formulierung: Der Ast. hat den Anordnungsanspruch und Anordnungsgrund glaubhaft zu machen, z.B. durch eine Versicherung an Eides statt (vgl. § 294 ZPO).*

III. Gerichtliche Entscheidung, § 123 III VwGO i.V.m. § 938 ZPO

Ⓟ Vorwegnahme der Hauptsache

DIE WICHTIGSTEN PROBLEME – LÖSUNGSANSÄTZE

Ⓟ Begründetheit des Antrags – maßgeblicher Zeitpunkt für die Beurteilung der Begründetheit

Es ist der **Zeitpunkt** maßgeblich, der auch für die **jeweilige Klageart im Hauptsacheverfahren** maßgeblich ist. Siehe folglich die Ausführungen zur Verpflichtungs-, Leistungs- und Feststellungsklage.

Ⓟ Gerichtliche Entscheidung – Vorwegnahme der Hauptsache

Da es bei § 123 I VwGO um eine einstweilige Anordnung geht, also um eine vorläufige Entscheidung, ist es **grds. unzulässig**, dem Ast. das zu gewähren, was Gegenstand des Hauptsacheverfahrens ist.

BEISPIEL: Ast. will im Wege der einstweiligen Anordnung eine Baugenehmigung erstreiten; das ist identisch mit dem Begehren in der später zu erhebenden Verpflichtungsklage und darf auch nur dort gewährt werden.

Ausnahme: Ohne die Vorwegnahme der Hauptsache drohen unzumutbare Nachteile.

BEISPIEL: Verhinderung einer für den kommenden Tag angekündigten Pressekonferenz, in der ein Minister vor einem bestimmten Produkt warnen und vom Kauf abraten will (hier drohen dem betroffenen Unternehmen massive Umsatzeinbußen).

3. Teil: Widerspruchsverfahren

Gutachten: Auf die Fallfrage „Hat der Widerspruch Aussicht auf Erfolg?" lautet der Obersatz: „Der Widerspruch hat Erfolg, soweit er zulässig und begründet ist".
Terminologie: Es heißt „Widerspruch" und nicht „Antrag" oder gar „Klage". Derjenige, der den Widerspruch erhebt, heißt „Widerspruchsführer".

PRÜFUNGSSCHEMA

GRUNDSCHEMA WIDERSPRUCH

A. Zulässigkeit des Widerspruchs

I. Eröffnung des Verwaltungsrechtswegs

II. Statthaftigkeit des Widerspruchs

III. Widerspruchsbefugnis, § 42 II VwGO analog

IV. Beteiligungs- und Handlungsfähigkeit, §§ 11,12 VwVfG

V. Form und Frist, § 70 I VwGO

B. Begründetheit des Widerspruchs

SCHEMA MIT PROBLEMÜBERSICHT

Widerspruch – Zulässigkeit und Begründetheit

<u>Beachte:</u> Es werden nur die Definitionen und Probleme dargestellt, die von der Anfechtungs- und Verpflichtungsklage abweichen.

A. Zulässigkeit des Widerspruchs

Maßgeblicher Zeitpunkt für die Beurteilung der Zulässigkeit ist der Zeitpunkt, zu dem über den Widerspruch entschieden wird.

I. Eröffnung des Verwaltungsrechtswegs

II. Statthaftigkeit des Widerspruchs

Widerspruch ist statthaft, wenn er **Zulässigkeitsvoraussetzung für die später zu erhebende Klage** ist. Das ist der Fall bei der Anfechtungs- und Verpflichtungsklage gem. § 68 I 1, II VwGO.

<u>Beachte:</u> Ausschluss des Widerspruchsverfahrens in § 68 I 2 VwGO sowie Erweiterung des Anwendungsbereichs des Widerspruchsverfahrens durch § 54 II 1 BeamtStG bzw. § 126 II 1 BBG.

III. Widerspruchsbefugnis, § 42 II VwGO analog

IV. Beteiligungs- und Handlungsfähigkeit, §§ 11,12 VwVfG

Da das Widerspruchsverfahren bei der Verwaltung durchgeführt wird, also ein Verwaltungsverfahren ist, richtet sich die Beteiligungs- und Handlungsfähigkeit nach §§ 11, 12 VwVfG und nicht nach §§ 61, 62 VwGO.

<u>Beachte:</u> Einen Widerspruchsgegner gibt es nicht.

V. Form und Frist, § 70 I VwGO

Fristberechnung nach **§ 57 II VwGO i.V.m. § 222 I ZPO i.V.m. §§ 187 ff. BGB oder** nach **§ 31 I VwVfG i.V.m. §§ 187 ff. BGB.**

B. Begründetheit des Widerspruchs

Obersatz richtet sich nach der statthaften Klageart in der Hauptsache:

Obersatz des Anfechtungswiderspruchs: Der Widerspruch ist begründet, soweit der VA rechtswidrig und der Widerspruchsführer dadurch in seinen Rechten verletzt ist oder soweit der VA zweckwidrig ist, § 68 I 1 VwGO i.V.m. § 113 I 1 VwGO analog.

Obersatz des Verpflichtungswiderspruchs: Der Widerspruch ist begründet, soweit die Ablehnung des VA rechtswidrig, der Widerspruchsführer dadurch in seinen Rechten verletzt und die Sache spruchreif ist, § 68 I 1, II VwGO i.V.m. § 113 V 1 VwGO analog.

Die Begründetheitsprüfung erfolgt wie bei der Anfechtungs- und Verpflichtungsklage, nur dass im Falle der Rechtmäßigkeit des VA bei einem Anfechtungswiderspruch zusätzlich noch dessen Zweckwidrigkeit zu prüfen ist.

Maßgeblicher Zeitpunkt für die Beurteilung der Begründetheit ist der **Zeitpunkt, zu dem über den Widerspruch entschieden wird**.

ALLGEMEINES VERWALTUNGSRECHT

1. Teil: Aufhebung von VA

PRÜFUNGSSCHEMA

GRUNDSCHEMA RÜCKNAHME RECHTSWIDRIGER VA, § 48 VwVfG

- **I. Ermächtigungsgrundlage für die Rücknahme**
- **II. Formelle Rechtmäßigkeit der Rücknahme**
  1. **Zuständigkeit**
  2. **Verfahren**
  3. **Form**
- **III. Materielle Rechtmäßigkeit der Rücknahme**
  1. **Rechtswidriger Ausgangs-VA, § 48 I 1 VwVfG**
  2. **Begünstigender Ausgangs-VA, § 48 I 2 VwVfG**
  3. **Geldleistung oder teilbare Sachleistung, § 48 II 1 VwVfG**
  4. **Jahresfrist, § 48 IV VwVfG**
  5. **Rechtsfolge: Ermessen, § 48 I 1 VwVfG**

SCHEMA MIT PROBLEMÜBERSICHT

Rücknahme rechtswidriger VA, § 48 VwVfG

- **I. Ermächtigungsgrundlage für die Rücknahme**

  Ⓟ Spezialvorschrift zu § 48 VwVfG
- **II. Formelle Rechtmäßigkeit der Rücknahme**
  1. **Zuständigkeit**

     Zuständig für die Rücknahme ist die Behörde, die den Ausgangs-VA hätte erlassen müssen (sog. **Annexkompetenz**).
  2. **Verfahren, § 28 VwVfG**
  3. **Form, §§ 37 II, 39 VwVfG**
- **III. Materielle Rechtmäßigkeit der Rücknahme**
  1. **Rechtswidriger Ausgangs-VA, § 48 I 1 VwVfG**

     Inzidente Prüfung der **Rechtmäßigkeit** des **Ausgangs-VA**:

     a) **EGL für den Ausgangs-VA**

     b) **Formelle Rechtmäßigkeit des Ausgangs-VA**

     c) **Materielle Rechtmäßigkeit des Ausgangs-VA**
  2. **Begünstigender Ausgangs-VA, § 48 I 2 VwVfG**

     Falls (-) → es gelten keine weiteren Tatbestandsvoraussetzungen.
  3. **Geldleistung oder teilbare Sachleistung, § 48 II 1 VwVfG**

     Falls (+) → § 48 II VwVfG prüfen.

     Falls (-) → § 48 III VwVfG prüfen.

     Ⓟ Prüfung des Vertrauensschutzes
  4. **Jahresfrist, § 48 IV VwVfG**

     Ⓟ Wann beginnt die Jahresfrist?

     Ⓟ Rechtsanwendungsfehler

5. **Rechtsfolge: Ermessen, § 48 I 1 VwVfG**
Beachte: Bei Rücknahme mit Wirkung für die Vergangenheit (= ex tunc) greift zusätzlich § 49a I 1 VwVfG.
Ⓟ Vertrauensschutz bei Rücknahme nach § 48 III VwVfG?

DIE WICHTIGSTEN PROBLEME – LÖSUNGSANSÄTZE

Ⓟ Ermächtigungsgrundlage für die Rücknahme – Spezialvorschrift zu § 48 VwVfG

Eine wichtige Spezialvorschrift ist **§ 45 I WaffG** (Rücknahme waffenrechtlicher Erlaubnisse wie Waffenschein oder Waffenbesitzkarte).

Ⓟ Geldleistung oder teilbare Sachleistung – Prüfung des Vertrauensschutzes

Prüfungsreihenfolge bei **§ 48 II VwVfG**:

1. Hat der Begünstigte rein tatsächlich auf den Bestand des VA vertraut (z.B. (-), wenn er gar keine Kenntnis vom VA hat)?
2. Ist das Vertrauen schutzwürdig?
   - § 48 II 3 VwVfG: Vertrauen ist niemals schutzwürdig.
   - § 48 II 2 VwVfG: Vertrauen ist in der Regel schutzwürdig. Nur in atypischen Fällen keine Schutzwürdigkeit.

     BEISPIEL: Statt eine Subvention wie vorgesehen für den Kauf neuer Maschinen zu verwenden, nutzt der Empfänger sie zur Finanzierung seines Urlaubs.
   - § 48 II 1 VwVfG, wenn § 48 II 2, 3 VwVfG nicht greifen: Abwägung zwischen Vertrauensschutzinteresse des Begünstigten und dem öff. Rücknahmeinteresse.

   Bei § 48 III VwVfG ist an dieser Stelle im Prüfungsaufbau kein Vertrauensschutz zu prüfen. Dieser spielt nach dem Wortlaut nur eine Rolle, wenn es um den Ausgleich eines erlittenen Vermögensnachteils geht.

Ⓟ Jahresfrist, § 48 IV VwVfG – wann beginnt die Jahresfrist?

H.M.: Wenn der zuständige Sachbearbeiter alle Sach- und Rechtsfragen geklärt hat (sog. **Entscheidungsfrist**). Arg.: Sachbearbeiter soll seine Entscheidung auf einer gesicherten Sach- und Rechtslage treffen.

M.M.: Sobald der Sachbearbeiter bemerkt, dass der VA aufhebbar ist (sog. **Bearbeitungsfrist**). Arg.: H.M. lässt Jahresfrist viel zu spät beginnen und missachtet damit den Vertrauensschutz des Betroffenen.

Ⓟ Jahresfrist, § 48 IV VwVfG –Rechtsanwendungsfehler

DEFINITION

Bei einem Rechtsanwendungsfehler ändert sich nicht der Sachverhalt, sondern die **Behörde gelangt** nur **zu einer anderen Rechtserkenntnis**. Die Behörde erhält also nicht wirklich „von Tatsachen Kenntnis". **§ 48 IV 1 VwVfG ist** gleichwohl **anwendbar**. Anderenfalls gäbe es für die Rücknahme gar keine Frist, obwohl der Betroffene bei Rechtsanwendungsfehlern genauso schutzwürdig ist wie wenn die Behörde nachträglich von Tatsachen Kenntnis erhält.

Ⓟ Rechtsfolge – Vertrauensschutz bei Rücknahme nach § 48 III VwVfG?

Grds. (-), da § 48 III 1 VwVfG im Falle eines schutzwürdigen Vertrauens nur einen Geldausgleich vorsieht. **Ausnahme:** Geldausgleich ist nicht möglich, weil der erlittene Schaden immateriell ist (z.B. Rücknahme einer Einbürgerung). Dann gehört zu einer fehlerfreien Ermessensausübung auch die Berücksichtigung eines schutzwürdigen Vertrauens des Betroffenen. *Gutachten:* Prüfung des Vertrauensschutzes erfolgt wie oben bei § 48 II VwVfG.

PRÜFUNGSSCHEMA

GRUNDSCHEMA WIDERRUF RECHTMÄSSIGER VA, § 49 VwVfG

I. Ermächtigungsgrundlage für den Widerruf

II. Formelle Rechtmäßigkeit des Widerrufs

1. Zuständigkeit

2. Verfahren

3. Form

III. Materielle Rechtmäßigkeit des Widerrufs

§ 49 I, II, III VwVfG enthalten jeweils eigenständige EGL.

1. § 49 I VwVfG:

a) Rechtmäßiger Ausgangs-VA
b) Nicht begünstigender Ausgangs-VA
c) Ausschlussgründe („außer wenn")
d) Rechtsfolge: Ermessen

2. § 49 II VwVfG:

a) Rechtmäßiger Ausgangs-VA
b) Begünstigender Ausgangs-VA
c) Widerrufsgrund, § 49 II 1 Nr. 1-5 VwVfG
d) Jahresfrist, § 49 II 2 i.V.m. § 48 IV VwVfG
e) Rechtsfolge: Ermessen

3. § 49 III VwVfG:

a) Rechtmäßiger Ausgangs-VA
b) Geldleistung oder teilbare Sachleistung
c) Erfüllung eines bestimmten Zwecks
d) Widerrufsgrund, § 49 III 1 Nr. 1 oder 2 VwVfG
e) Jahresfrist, § 49 III 2 i.V.m. § 48 IV VwVfG
f) Rechtsfolge: Ermessen

SCHEMA MIT PROBLEMÜBERSICHT

Widerruf rechtmäßiger VA, § 49 VwVfG

I. Ermächtigungsgrundlage für den Widerruf

Ⓟ Spezialvorschrift zu § 49 II VwVfG

II. Formelle Rechtmäßigkeit des Widerrufs

1. Zuständigkeit

Zuständig für den Widerruf ist die Behörde, die den Ausgangs-VA hätte erlassen müssen (sog. **Annexkompetenz**).

2. Verfahren, § 28 VwVfG

3. Form, §§ 37 II, 39 VwVfG

III. Materielle Rechtmäßigkeit des Widerrufs

§ 49 I, II, III VwVfG enthalten jeweils eigenständige EGL.

1. **§ 49 I VwVfG:**
   a) **Rechtmäßiger Ausgangs-VA**
   Inzidente Prüfung der **Rechtmäßigkeit** des **Ausgangs-VA** (gleiche Prüfung bei § 49 II, III VwVfG):
   aa) **EGL für den Ausgangs-VA**
   bb) **Formelle Rechtmäßigkeit des Ausgangs-VA**
   cc) **Materielle Rechtmäßigkeit des Ausgangs-VA**
   b) **Nicht begünstigender Ausgangs-VA**
   c) **Ausschlussgründe („außer wenn")**
   d) **Rechtsfolge: Ermessen**
2. **§ 49 II VwVfG:**
   a) **Rechtmäßiger Ausgangs-VA**
   Ⓟ Anwendung des § 49 II VwVfG auf rechtswidrige Ausgangs-VA
   b) **Begünstigender Ausgangs-VA**
   c) **Widerrufsgrund, § 49 II 1 Nr. 1-5 VwVfG**
   d) **Jahresfrist, § 49 II 2 i.V.m. § 48 IV VwVfG**
   e) **Rechtsfolge: Ermessen**
   Widerruf nur ex nunc möglich → § 49a I 1 VwVfG (-)
3. **§ 49 III VwVfG:**
   Ⓟ Verhältnis § 49 II ←→ § 49 III VwVfG
   a) **Rechtmäßiger Ausgangs-VA**
   Ⓟ Anwendung des § 49 III VwVfG auf rechtswidrige Ausgangs-VA
   b) **Geldleistung oder teilbare Sachleistung**
   c) **Erfüllung eines bestimmten Zwecks**
   = Verwendungszweck (muss sich direkt aus dem VA ergeben).
   d) **Widerrufsgrund, § 49 III 1 Nr. 1 oder 2 VwVfG**
   e) **Jahresfrist, § 49 III 2 i.V.m. § 48 IV VwVfG**
   f) **Rechtsfolge: Ermessen**
   Widerruf auch ex tunc möglich → § 49a I 1 VwVfG (+)

DIE WICHTIGSTEN PROBLEME – LÖSUNGSANSÄTZE

Ⓟ Ermächtigungsgrundlage für den Widerruf – Spezialvorschrift zu § 49 II VwVfG
Eine wichtige Spezialvorschrift ist **§ 45 II WaffG** (Widerruf waffenrechtlicher Erlaubnisse wie Waffenschein oder Waffenbesitzkarte).

Ⓟ Rechtmäßiger Ausgangs-VA – Anwendung des § 49 II, III VwVfG auf rechtwidrige Ausgangs-VA
(+), erst recht-Schluss: rechtfertigt § 49 VwVfG sogar die Aufhebung rechtmäßigen VA, muss die Norm erst recht die Aufhebung rechtswidriger VA rechtfertigen können.
Gutachten: In einer Klausur ist § 49 VwVfG immer dann anzusprechen, wenn ein Widerrufsgrund nach § 49 II oder III VwVfG ernsthaft in Betracht kommt.

Ⓟ §§ 49 II, III VwVfG – Verhältnis § 49 II ←→ § 49 III VwVfG
Abgrenzung erfolgt **anhand** der **Rechtsfolge**. Bei Widerruf **ex nunc** greift **§ 49 II VwVfG**, bei Widerruf **ex tunc § 49 III VwVfG**. Widerruf ex tunc erkennt man in einer Klausur daran, dass zusätzlich ein Rückforderungsbescheid nach § 49a I 1 VwVfG ergangen ist.

2. Teil: Öffentlich-rechtlicher Vertrag

PRÜFUNGSSCHEMA

GRUNDSCHEMA ÖFF.-RECHTLICHER VERTRAG, §§ 54 ff. VwVfG

I. Anwendbarkeit der §§ 54 ff. VwVfG

II. Wirksamer Vertragsschluss, § 62 S. 2 VwVfG i.V.m. §§ 145 ff. BGB

III. Nichtigkeit des Vertrages,

1. Nichtigkeit gem. § 59 II VwVfG

a) Vertrag i.S.v. § 54 S. 2 VwVfG

b) Nichtigkeitsgrund

2. Nichtigkeit gem. § 59 I VwVfG

IV. Schwebende Unwirksamkeit, § 58 VwVfG

SCHEMA MIT DEFINITIONEN

Öffentlich-rechtlicher Vertrag, §§ 54 ff. VwVfG

I. Anwendbarkeit der §§ 54 ff. VwVfG

Abgrenzung vom zivilrechtlichen Vertrag. **Abgrenzungsmethoden wie bei** der **öff.-rechtlichen Streitigkeit i.S.d. § 40 I 1 VwGO**. Vertrag ist danach insbesondere dann öff.-rechtlich, wenn er eine öff.-rechtliche Norm zum Gegenstand hat (z.B. Vertrag über Erlass einer Baugenehmigung).

II. Wirksamer Vertragsschluss, § 62 S. 2 VwVfG i.V.m. §§ 145 ff. BGB

III. Nichtigkeit des Vertrages,

1. Nichtigkeit gem. § 59 II VwVfG

a) Vertrag i.S.v. § 54 S. 2 VwVfG

= zwischen Vertragspartnern muss an sich ein Über-/Unterordnungsverhältnis bestehen (sog. **Subordinationsvertrag**).

b) Nichtigkeitsgrund

Relevant: **§ 59 II Nr. 3 VwVfG** (verlangt inzidente Prüfung des § 55 VwVfG) und **§ 59 II Nr. 4 VwVfG** (verlangt inzidente Prüfung des § 56 VwVfG).

2. Nichtigkeit gem. § 59 I VwVfG

Relevante Nichtigkeitsbestimmungen des BGB:

- § 125 S. 1 BGB i.V.m. § 57 VwVfG
- § 134 BGB
  Danach kann Vertrag nichtig sein, weil schon gar nicht per Vertrag gehandelt werden darf (sog. **Vertragsformverbot**, z.B. § 1 III 2 BauGB) oder der Vertragsinhalt massiv gegen Rechtsvorschriften verstößt (sog. **qualifizierte Rechtswidrigkeit**)

IV. Schwebende Unwirksamkeit, § 58 VwVfG

KOMMUNALRECHT

1. Teil: Kommunalverfassungsbeschwerde und Selbstverwaltungsgarantie

PRÜFUNGSSCHEMA

GRUNDSCHEMA KOMMUNALVERFASSUNGSBESCHWERDE, Art. 93 I Nr. 4b GG i.V.m. §§ 13 Nr. 8a, 91 ff. BVerfGG

Gutachten: Auf die Fallfrage „Hat die Kommunalverfassungsbeschwerde Aussicht auf Erfolg?" lautet der Obersatz: „Die Beschwerde hat Erfolg, soweit sie zulässig und begründet ist".

A. Zulässigkeit der Beschwerde

- **I. Zuständiges Gericht**
- **II. Beschwerdefähigkeit**
- **III. Prozessfähigkeit**
- **IV. Beschwerdegegenstand**
- **V. Beschwerdebefugnis**
- **VI. Rechtswegerschöpfung, § 90 II BVerfGG**
- **VII. Form und Frist, §§ 23 I, 92, 93 III BVerfGG**

B. Begründetheit der Beschwerde

- **I. Eingriff in den Schutzbereich des Art. 28 II 1 GG**
- **II. Rechtfertigung des Eingriffs**
  - **1. Festlegung der Schranke**
  - **2. Schranken-Schranken**
    - **a) Formelle Verfassungsmäßigkeit des Gesetzes**
      - **aa) Gesetzgebungskompetenz, Art. 70-74 GG**
      - **bb) Gesetzgebungsverfahren, Art. 76-78 GG**
      - **cc) Ausfertigung und Verkündung, Art. 82 GG**
    - **b) Materielle Verfassungsmäßigkeit des Gesetzes**
      - **aa) Kernbereich der Selbstverwaltungsgarantie**
      - **bb) Verhältnismäßigkeitsprinzip**

PRÜFUNGSSCHEMA

SCHEMA MIT DEFINITIONEN UND PROBLEMÜBERSICHT

Kommunalverfassungsbeschwerde - Zulässigkeit

A. Zulässigkeit der Beschwerde

I. Zuständiges Gericht

Ⓟ Subsidiarität, Art. 93 I Nr. 4b GG, § 91 S. 2 BVerfGG

II. Beschwerdefähigkeit, Art. 93 I Nr. 4b GG

„Gemeinden" = Gemeinden und Städte.

„Gemeindeverbände" = Landkreise.

III. Prozessfähigkeit

Gemeinden, Städte und Landkreise sind prozessfähig, indem sie vor Gericht von ihrem gesetzlichen Vertreter vertreten werden (bei Gemeinden und Städten: Bürgermeister/ Oberbürgermeister, § 51 I 2 SächsGemO; bei Landkreisen: Landrat, § 47 I 2 SächsLKrO).

IV. Beschwerdegegenstand

DEFINITION

„Gesetz" i.S.v. Art. 93 I Nr. 4b GG sind **formelle und materielle** Gesetzes des Bundes oder eines Bundeslandes.

V. Beschwerdebefugnis

Der Beschwerdeführer muss substanziiert behaupten, durch das umstrittene Gesetz in seiner Selbstverwaltungsgarantie aus Art. 28 II 1 GG verletzt zu sein.

Ⓟ Selbst, gegenwärtig und unmittelbar

VI. Rechtswegerschöpfung, § 90 II BVerfGG

Da sich die Kommunalverfassungsbeschwerde gegen ein Gesetz richtet, kommt als vorrangiger Rechtsbehelf nur ein Normenkontrollantrag nach § 47 VwGO in Betracht. Das ist die einzige alternative Möglichkeit für eine Gemeinde als jur. Person des öff. Rechts, direkt eine Norm anzugreifen.

VII. Form und Frist, §§ 23 I, 92, 93 III BVerfGG

DIE WICHTIGSTEN PROBLEME – LÖSUNGSANSÄTZE

Ⓟ Zuständiges Gericht – Subsidiarität, Art. 93 I Nr. 4b GG, § 91 S. 2 BVerfGG
Landesgesetze müssen gem. Art. 93 I Nr. 4b GG, § 91 S. 2 BVerfGG beim Landesverfassungsgericht (LVerfG) angegriffen werden, soweit dies möglich ist. Gemeinden und Gemeindeverbände dürfen sich den Rechtsweg (BVerfG oder LVerfG) also nicht auswählen. Beim BVerfG können demnach formelle und materielle Bundesgesetze angegriffen werden, da die LVerfG das höherrangige Bundesrecht (vgl. Art. 31 GG) nicht am Maßstab der nachrangigen Landesverfassung überprüfen dürfen.

Ⓟ Beschwerdebefugnis – selbst, gegenwärtig und unmittelbar

„Selbst“ = Betroffenheit in der eigenen Selbstverwaltungsgarantie, keine Geltendmachung fremder Rechte im eigenen Namen (z.B. Rechte der Gemeindeeinwohner oder fremder Gemeinden).

„Gegenwärtig“ = aktuelle Betroffenheit; sie darf nicht vollständig in der Vergangenheit oder irgendwann in der Zukunft liegen.

„Unmittelbar“ = kein weiterer Vollzugsakt. Da mittels der Kommunalverfassungsbeschwerde nur Gesetze angegriffen werden können (s.o. Beschwerdegegenstand), muss der Beschwerdeführer allerdings nicht auf einen Einzelakt warten. An dem Merkmal „unmittelbar“ scheitert eine Kommunalverfassungsbeschwerde daher nur, wenn der Beschwerdeführer ein formelles Gesetz angreift, das noch der Konkretisierung durch ein materielles Gesetz bedarf. Dann muss er warten, bis das materielle Gesetz ergeht, um dieses anzugreifen.

PRÜFUNGSSCHEMA

SCHEMA MIT DEFINITIONEN UND PROBLEMÜBERSICHT

Kommunalverfassungsbeschwerde - Begründetheit

A. Zulässigkeit der Beschwerde

B. Begründetheit der Beschwerde

Obersatz: Die Kommunalverfassungsbeschwerde ist begründet, soweit das umstrittene Gesetz in die Selbstverwaltungsgarantie eingreift und dieser Eingriff nicht gerechtfertigt ist.

I. Eingriff in den Schutzbereich des Art. 28 II 1 GG

DEFINITION

„Angelegenheiten der örtlichen Gemeinschaft“ i.S.v. Art. 28 II 1 GG sind alle Angelegenheiten, die in der **örtlichen Gemeinschaft wurzeln oder** einen **spezifischen Bezug** zu ihr haben.

Eingriff ist jede Belastung, die mehr als eine Bagatelle ist.

(P) Konkretisierung durch die Gemeindehoheiten

II. Rechtfertigung des Eingriffs

Obersatz: Der Eingriff ist gerechtfertigt, soweit er durch die Schranken der Selbstverwaltungsgarantie gedeckt ist.

1. Festlegung der Schranke

„im Rahmen des Gesetzes“, Art. 28 II 1 GG = **einfacher Gesetzesvorbehalt**, d.h. die Selbstverwaltungsgarantie kann durch jedes Gesetz eingeschränkt werden.

2. Schranken-Schranken

a) Formelle Verfassungsmäßigkeit des Gesetzes

aa) Gesetzgebungskompetenz, Art. 70-74 GG

bb) Gesetzgebungsverfahren, Art. 76-78 GG

cc) Ausfertigung und Verkündung, Art. 82 GG

b) Materielle Verfassungsmäßigkeit des Gesetzes

aa) Kernbereich der Selbstverwaltungsgarantie

= Kernbereich der Selbstverwaltungsgarantie darf nicht berührt werden. Das ist der Fall, wenn **eine der Gemeindehoheiten faktisch beseitigt** wird (vergleichbar mit Art. 19 II GG bei den Grundrechten).

BEISPIEL: Gemeinde werden so viele finanzielle Lasten auferlegt, dass sie überhaupt nicht mehr frei über ihre Ausgaben entscheiden dürfen → faktische Beseitigung der Finanzhoheit.

bb) Verhältnismäßigkeitsprinzip

(P) Anwendbarkeit

DIE WICHTIGSTEN PROBLEME – LÖSUNGSANSÄTZE

Ⓟ Eingriff in den Schutzbereich – Konkretisierung durch die Gemeindehoheiten

Es gibt folgende **Gemeindehoheiten:**

1. Organisationshoheit
   = Gemeinde kann selbständig über ihre innere Verwaltungsorganisation bestimmen (z.B. Einrichtung von Ämtern).
2. Personalhoheit
   = Gemeinde kann in eigener Verantwortung ihre Bediensteten anstellen, befördern und entlassen.
3. Planungshoheit
   = Recht der Gemeinde, das Gemeindegebiet selbständig zu beplanen, insbesondere durch Erlass von Bebauungsplänen.
4. Finanzhoheit
   = eigenverantwortliche Einnahmen- und Ausgabenwirtschaft, z.B. Festlegung von Benutzungsgebühren.
5. Satzungshoheit
   = Recht der Gemeinde, zur Regelung eigener Angelegenheiten Gesetze zu erlassen.
   Beachte: Gemeinde gehört stets zur Exekutive, auch wenn sie Gesetze erlässt.
6. Gebietshoheit
   = jede Person/Sache, die sich im Gemeindegebiet befindet, ist der Rechtsmacht der Gemeinde unterworfen, hat also insbesondere die von der Gemeinde erlassenen Gesetze zu beachten.
7. Kulturhoheit
   = Befugnis der Gemeinde, Kulturgüter im Gemeindegebiet zu schaffen, zu pflegen und zu fördern, z.B. Unterhaltung von Museen.
8. Daseinsvorsorge
   Auffangtatbestand, erfasst also alles, was nicht von den anderen Gemeindehoheiten erfasst wird, z.B. Bau von Parkplätzen, Benennung von Straßen.

Ⓟ Verhältnismäßigkeitsprinzip – Anwendbarkeit

Strittig, weil das Verhältnismäßigkeitsprinzip primär dem Grundrechtsschutz dient und die Gemeinden keine Grundrechtsträger sind. **H.M. bejaht** gleichwohl **Anwendbarkeit**, um Selbstverwaltungsgarantie der Gemeinden effektiv zu schützen und weil **Art. 28 II 1 GG gleichsam** das **„Grundrecht" der Gemeinden** ist.

2. Teil: Kommunalverfassungsstreit

PRÜFUNGSSCHEMA

SCHEMA MIT DEFINITIONEN UND PROBLEMÜBERSICHT

DEFINITION
Ein Kommunalverfassungsstreit (KVS) ist ein Streit zwischen Organen oder Organteilen einer kommunalen Selbstverwaltungseinrichtung um die ihnen zustehenden Kompetenzen.

BEISPIELE: Ratsmitglied wehrt sich gegen Begrenzung der Redezeit durch den Vorsitzenden des Gemeinderates; Gemeinderat rügt eine Missachtung seiner Kompetenzen durch den Bürgermeister (BM).

A. Zulässigkeit der Klage

I. Eröffnung des Verwaltungsrechtswegs

Ⓟ Nichtverfassungsrechtlicher Art

II. Statthafte Klageart

Leistungs- oder Feststellungsklage (je nach Begehren des Klägers).

Ⓟ Außenwirkung

Ⓟ Klageart sui generis

III. Klagebefugnis, § 42 II VwGO analog

Ⓟ Organrechte

IV. Ggf. Feststellungsinteresse

V. Klagegegner

Ⓟ Ausnahme vom Rechtsträgerprinzip

VI. Beteiligungs- und Prozessfähigkeit

Ⓟ Dogmatische Herleitung

VII. Ggf. Verwirkung

B. Objektive Klagehäufung, § 44 VwGO

C. Subjektive Klagehäufung bzw. Streitgenossenschaft, § 64 VwGO i.V.m. §§ 59 ff. ZPO

D. Beiladung, § 65 VwGO

E. Begründetheit der Klage

Prüfungsaufbau der Leistungs- oder Feststellungsklage.

Ⓟ Prüfungsumfang beim KVS

DIE WICHTIGSTEN PROBLEME – LÖSUNGSANSÄTZE

Ⓟ Verwaltungsrechtsweg – nichtverfassungsrechtlicher Art

Trotz der Bezeichnung als „Kommunalverfassungsstreit“ handelt es sich nicht um eine verfassungsrechtliche Streitigkeit, weil hier keine Verfassungsorgane um Verfassungsrecht streiten.

Ⓟ Statthafte Klageart – Außenwirkung

M.M. hält Außenwirkung für gegeben, wenn das klagende Organ/der Organteil in eigenen Rechten betroffen ist. Jedoch **tritt der Betroffene** hier **nicht als natürliche Person, sondern in seiner hoheitlichen Funktion auf** (z.B. als Ratsmitglied). Er rügt auch nicht private Rechtspositionen, sondern Rechte, die ihm als Gemeindeorgan oder Teil eines Gemeindeorgans zustehen. Daher lehnt die h.M. eine Außenwirkung grds. ab. **Ausnahme: Sanktionsmaßnahmen**, für die der Betroffene als Privatperson einstehen muss (z.B. Verhängung eines Ordnungsgeldes wegen Verletzung der Verschwiegenheitspflicht).

Ⓟ Statthafte Klageart – Klageart sui generis

Da die VwGO auf Außenrechtsstreitigkeiten zugeschnitten ist (d.h. Bürger verklagt den Staat), ließe sich überlegen, keine der Klagearten der VwGO für einschlägig zu erachten, sondern von einer Klageart sui generis auszugehen. Das ist jedoch mit dem Argument abzulehnen, dass **Leistungs- und Feststellungsklage** in ihren Voraussetzungen so angepasst werden können, dass sie auf den KVS anwendbar sind.
Gutachten: In einer Klausur nur kurze Ausführungen zur Klageart sui generis, da sie heute von niemandem mehr vertreten wird.
Beachte: Beim KVS sind also die Leistungs- oder Feststellungsklage statthaft.

Ⓟ Klagebefugnis – Organrechte

Da der Kläger beim KVS nicht als natürliche Person, sondern in seiner hoheitlichen Funktion (z.B. als Ratsmitglied) klagt, kann er **keine Grundrechte, sondern** nur sog. **Organrechte** geltend machen. Das sind Rechte, die ihm in seiner Eigenschaft als Organ oder Organteil zugewiesen sind. Die **wichtigsten Organrechte** folgen aus **§ 35 III SächsGemO** (Recht auf Teilnahme an der Ratssitzung, Abstimmungsrecht, Fragerecht, Rederecht).

Ⓟ Klagegegner – Ausnahme vom Rechtsträgerprinzip

Da alle Beteiligten dem gleichen Rechtsträger angehören (der Gemeinde), **gilt** das **Rechtsträgerprinzip nicht**. Stattdessen wird **das Organ bzw. der Organteil verklagt, dessen Verhalten umstritten** ist.

BEISPIEL: Ratsmitglied verklagt wegen Redezeitbeschränkung den Ratsvorsitzenden.

Ⓟ Beteiligungs- und Prozessfähigkeit – dogmatische Herleitung

Dogmatische Herleitung strittig (analoge Anwendung von §§ 61, 62 VwGO oder richterliche Rechtsfortbildung), im Ergebnis aber allg. anerkannt, weil KVS als Rechtsinstitut anerkannt ist.
Gutachten: Streit nur kurz darstellen.

Ⓟ Begründetheit – Prüfungsumfang beim KVS

Nur Prüfung der **Organrechte**, da Kläger nur diese geltend machen kann
Gutachten: Ist besonders wichtig bei der Feststellungsklage, weil hier an sich eine vollständige Rechtmäßigkeitsprüfung (EGL, formelle und materielle Rechtmäßigkeit) erfolgt.

BEISPIEL: Rügt ein Ratsmitglied eine Beschränkung seiner Redezeit sowie die Mitwirkung eines anderen Ratsmitgliedes, das er für befangen hält, ist in der Begründetheit der Klage nur die Redezeitbeschränkung zu prüfen. Die Mitwirkung des anderen Ratsmitgliedes mag zwar gegen § 20 SächsGemO verstoßen, vermittelt dem Kläger aber kein Organrecht, sodass seine Klage insoweit schon in der Klagebefugnis scheitert.

3. Teil: Ausschluss wegen Befangenheit und Hausrecht

PRÜFUNGSSCHEMA

SCHEMA MIT DEFINITIONEN UND PROBLEMÜBERSICHT

Ausschluss wegen Befangenheit, § 20 SächsGemO

I. **Ehrenamtlich Tätiger**
Bei Ratsmitgliedern (+) vgl. § 35 I 1 SächsGemO.

II. **Ausschlussgrund gem. § 20 I SächsGemO**

DEFINITION
„Vorteil oder Nachteil" kann rechtlicher, wirtschaftlicher oder ideeller Art sein.

Ⓟ „unmittelbar"

Unmittelbar ist dieser Vorteil, wenn er **ohne weitere wesentliche Zwischenschritte** durch den Beschluss **eintritt oder** wenn er aufgrund des Beschlusses **mit einiger Sicherheit nach dem gewöhnlichen Lauf der Dinge zu erwarten ist**. In **Abgrenzung zu § 20 II Nr. 2 SächsGemO** ist zudem zu fordern, dass die betroffene Person ein **individuelles Sonderinteresse** an dem Beratungsgegenstand aufweisen muss, das sie **von der Allgemeinheit abhebt** und zumindest abstrakt geeignet ist, Zweifel an ihrer Unvoreingenommenheit zu begründen. Daran fehlt es, wenn ein **übereinstimmendes, gleichgerichtetes Ziel** verfolgt und damit zugleich das **Gemeinwohl gefördert** wird.

BEISPIEL: Ratsmitglieder dürfen über Festsetzung von Kindergartengebühren entscheiden, auch wenn sie Eltern und damit selbst betroffen sind.

III. **Rechtsfolge: Weder beratend noch entscheidend mitwirken sowie Sitzung verlassen, § 20 I, IV 1 SächsGemO**
Beachte: Zur Rechtsfolge bei Verstößen: § 20 V SächsGemO.

Hausrecht, vgl. § 38 I 2 SächsGemO

Beachte: Gewohnheitsrechtlich anerkannt, dass das Hausrecht auch dann Eingriffsmaßnahmen legitimiert, wenn § 38 I 2 SächsGemO nicht einschlägig ist, also bei Maßnahmen außerhalb von Ratssitzungen.

I. **Öffentliche Einrichtung der Gemeinde, z.B. Schwimmbad**

II. **Störung der Funktionsfähigkeit der öffentlichen Einrichtung**
= Einrichtung wird **nicht widmungsgemäß genutzt**.

III. **Verursacher**
Der Adressat der hausrechtlichen Maßnahme (z.B. Verweis aus dem Schwimmbad) muss der Verursacher der Störung sein.

IV. **Rechtsfolge: Ermessen**
Insbesondere Prüfung der **Verhältnismäßigkeit**.

4. Teil: Prüfung einer gemeindlichen Satzung

PRÜFUNGSSCHEMA

SCHEMA MIT DEFINITIONEN

I. Ermächtigungsgrundlage für die Satzung
Spezialermächtigungen in § 10 I BauGB, § 14 SächsGemO. Ansonsten generelle Ermächtigung in **§ 4 I 1 SächsGemO**.

II. Formelle Rechtmäßigkeit der Satzung

1. Zuständigkeit
Gemeinderat, vgl. § 28 II Nr. 4 SächsGemO.

2. Verfahren
Relevant sind regelmäßig **§§ 20, 36, 37, 39 SächsGemO**. Rechtsfolge bei Verstößen: § 4 IV SächsGemO

3. Form
§ 4 III SächsGemO.

III. Materielle Rechtmäßigkeit der Satzung
Prüfung von Tatbestand und Rechtsfolge der EGL, hier § 4 I 1 SächsGemO.

1. „weisungsfreie Angelegenheit"
= **Selbstverwaltungsangelegenheit**.

DEFINITION
Alle Angelegenheiten, die in der örtlichen Gemeinschaft wurzeln oder einen spezifischen Bezug zu ihr haben.
Konkretisierung durch die Gemeindehoheiten.

2. „soweit Gesetze … keine Vorschriften enthalten"
= kein Verstoß gegen **höherrangiges Recht**, insbesondere die Grundrechte.

3. Rechtsfolge
Ermessen („können").

5. Teil: Zugang zu öffentlichen Einrichtungen der Gemeinde

PRÜFUNGSSCHEMA

SCHEMA MIT DEFINITIONEN UND PROBLEMÜBERSICHT

A. Anspruchsgrundlage
§ 10 II SächsGemO.

Ⓟ Verhältnis zu § 70 GewO

B. Anspruchsvoraussetzungen

I. Einwohner i.S.v. § 10 I SächsGemO

Ⓟ Personenvereinigungen und jur. Personen, § 10 V SächsGemO

Ⓟ Ortsfremde

II. Öffentliche Einrichtung der Gemeinde

DEFINITION
Einrichtung, die einem bestimmten öffentlichen Zweck und der Nutzung durch die Einwohner dient.

Ⓟ Privatisierung

III. „im Rahmen der bestehenden Vorschriften"
= **durch** die **Nutzung** darf es **nicht** zu einem **Rechtsverstoß** kommen (insbesondere Verstoß gegen das StrafR oder POR) **und** der **Widmungszweck muss beachtet werden.**

Ⓟ Kurzfristige Änderung des Widmungszwecks

IV. Rechtsfolge
Gebundener Anspruch („sind … berechtigt").

Ⓟ Kapazitätsgrenzen/Auswahlentscheidung

DIE WICHTIGSTEN PROBLEME – LÖSUNGSANSÄTZE

Ⓟ Anspruchsgrundlage – Verhältnis zu § 70 GewO
§ 70 GewO ist als bundesrechtliche Vorschrift spezieller und **verdrängt § 10 II SächsGemO**.
Beachte: § 70 GewO verlangt eine „festgesetzte Veranstaltung" i.S.v. § 69 GewO. Das ist in einer Klausur somit das Signalwort, um § 70 GewO zu prüfen.

Ⓟ Einwohner i.S.v. § 10 I SächsGemO – Personenvereinigungen und jur. Personen, § 10 V SächsGemO
§ 10 V SächsGemO erfasst nur Personenvereinigungen und jur. Personen, die ihren **Sitz in** der **Gemeinde** haben, **überwiegend aus Einwohnern bestehen und** ihre **Tätigkeit primär in** der **Gemeinde entfalten**. Nur dann ist es gerechtfertigt, sie wie Einwohner i.S.v. § 10 I SächsGemO zu behandeln.

Ⓟ Einwohner i.S.v. § 10 I SächsGemO – Ortsfremde

Ortsfremden steht der Anspruch aus § 10 II SächsGemO nicht zu. Für sie kommt aber ein Anspruch aus **Art. 3 I GG i.V.m. Selbstbindung der Verwaltung** in Betracht, wenn Ortsfremden in der Vergangenheit stets Zugang zu der öff. Einrichtung gewährt wurde (Voraussetzungen: Ständige rechtmäßige Verwaltungspraxis, vergleichbarer Sachverhalt, Abweichung von der bisherigen Verwaltungspraxis ohne sachlichen Grund).

Ⓟ Öffentliche Einrichtung der Gemeinde – Privatisierung

Ändert solange am Charakter der öff. Einrichtung nichts, wie die Gemeinde mehr als 50% der Anteile an der privaten Betreibergesellschaft (z.B. Stadthalle-GmbH) hält.

Beachte: In diesem Fall wandelt sich der direkte Zugangsanspruch aus § 10 II SächsGemO in einen sog. Einwirkungsanspruch, d.h. die Gemeinde muss auf die private Betreibergesellschaft einwirken, damit letztere dem Anspruchsteller den Zugang zu der öff. Einrichtung gewährt.

Gutachten: In der statthaften Klageart führt das zu einer Leistungsklage, weil die Einwirkung auf die private Betreibergesellschaft kein VA ist.

Ⓟ „im Rahmen der bestehenden Vorschriften" – kurzfristige Änderung des Widmungszwecks

Hier drohen willkürliche Benachteiligungen einzelner Anspruchsteller.

BEISPIEL: Stadthalle diente bisher auch politischen Veranstaltungen; weil jetzt eine extremistische Gruppierung Zugang gewährt, ändert die Stadt kurzfristig den Widmungszweck dahingehend, dass keine politischen Veranstaltungen mehr stattfinden dürfen.

Um Willkür zu verhindern, müssen schon gestellte Nutzungsanträge nach dem bisherigen Widmungszweck beschieden werden.

Ⓟ Rechtsfolge – Kapazitätsgrenzen/Auswahlentscheidung

Mit Erreichen der Kapazitätsgrenzen wandelt sich der gebundene Zugangsanspruch in einen solchen auf **ermessensfehlerfreie Auswahlentscheidung**. Zu prüfen ist dann, ob die verwendeten Auswahlkriterien rechtmäßig sind.

6. Teil: Rechtsschutz gegen Maßnahmen der Kommunalaufsichtsbehörde

PRÜFUNGSSCHEMA

SCHEMA MIT PROBLEMÜBERSICHT

BEISPIEL: Der Gemeinderat der Gemeinde A fasst einen Beschluss, den die Kommunalaufsichtsbehörde für rechtswidrig hält und deshalb gegenüber der Gemeinde beanstandet. Die Gemeinde will sich hiergegen gerichtlich wehren.

A. Zulässigkeit der Klage

I. Eröffnung des Verwaltungsrechtswegs

II. Statthafte Klageart

Ⓟ Außenwirkung

III. Klagebefugnis, § 42 II VwGO

Ⓟ Subjektiv-öffentliches Recht

IV. Erfolgloses, ordnungsgemäß durchgeführtes Vorverfahren, §§ 68 ff. VwGO

V. Klagegegner, § 78 I Nr. 1 VwGO
Landkreis oder Freistaat Sachsen (abhängig von zuständiger Behörde, s.u.).

VI. Beteiligungs- und Prozessfähigkeit, §§ 61, 62 VwGO

VII. Klagefrist, § 74 I VwGO

B. Objektive Klagehäufung, § 44 VwGO

C. Subjektive Klagehäufung bzw. Streitgenossenschaft, § 64 VwGO i.V.m. §§ 59 ff. ZPO

D. Beiladung, § 65 VwGO

E. Begründetheit der Klage

I. Ermächtigungsgrundlage für die Beanstandung
§ 114 I 1 SächsGemO.

II. Formelle Rechtmäßigkeit der Beanstandung

1. Zuständigkeit
Landratsamt oder Landesdirektion Sachsen, § 112 I 1 SächsGemO.

2. Verfahren, § 28 VwVfG

3. Form, §§ 37 II, 39 VwVfG

III. Materielle Rechtmäßigkeit der Beanstandung

1. Rechtsverstoß der Gemeinde, § 114 I 1 SächsGemO
Inzidente Prüfung der **Rechtmäßigkeit** des umstrittenen **gemeindlichen Handelns** (EGL, formelle und materielle Rechtmäßigkeit des gemeindlichen Handelns).

2. Rechtsfolge. Ermessen
Es muss eine Fristsetzung gegenüber der Gemeinde erfolgen, § 114 I 1 SächsGemO.

IV. Rechtsverletzung

DIE WICHTIGSTEN PROBLEME – LÖSUNGSANSÄTZE

Ⓟ Statthafte Klageart – Außenwirkung

Könnte fehlen, weil Gemeinde und Kommunalaufsichtsbehörde beide zum Staat gehören. Hat aber Kommunalaufsichtsbehörde in den **Selbstverwaltungsbereich** der Gemeinde eingegriffen (Rechtsaufsicht), kann die Gemeinde der Aufsichtsbehörde mit Art. 28 II 1 GG eine eigene Rechtsposition entgegenhalten. Es liegt dann eine ähnliche Beziehung wie im Verhältnis Bürger – Staat vor, sodass **Außenwirkung gegeben** ist. Betrifft die Maßnahme der Aufsichtsbehörde hingegen den Bereich der **staatlichen Aufgaben (= Weisungsaufgaben, § 2 III SächsGemO)**, die der Gemeinde übertragen sind (Fachaufsicht), verfügt die Gemeinde über keine eigene Rechtsposition, sodass die **Außenwirkung fehlt**. Staatliche Aufgaben liegen allerdings nur vor, wenn dies im Gesetz ausdrücklich angeordnet ist (z.B. § 1 II SächsPBG oder § 58 I 1 SächsBO). Ansonsten ist der Selbstverwaltungsbereich der Gemeinde betroffen.

Ⓟ Klagebefugnis – subjektiv-öffentliches Recht

Das subjektiv-öffentliche Recht folgt aus **Art. 28 II 1 GG**, das durch die Maßnahme der Aufsichtsbehörde möglicherweise verletzt ist.

1. Teil: Rechtmäßigkeit einer polizeilichen Einzelmaßnahme

A. Polizeiliche Generalklausel

PRÜFUNGSSCHEMA

GRUNDSCHEMA GENERALKLAUSEL, § 12 I SächsPBG/§ 12 I SächsPVDG

I. Ermächtigungsgrundlage für die Maßnahme
Generalklausel, § 12 I SächsPBG/§ 12 I SächsPVDG

II. Formelle Rechtmäßigkeit der Maßnahme

1. Zuständigkeit

2. Verfahren

3. Form

III. Materielle Rechtmäßigkeit der Maßnahme (am Beispiel der Generalklausel)

1. Gefahr für die öffentliche Sicherheit oder Ordnung

a) Öffentliche Sicherheit

b) Öffentliche Ordnung

c) Gefahr

2. Verantwortlichkeit, §§ 14, 15, 17 SächsPBG/§§ 6, 7, 9 SächsPVDG

a) Verhaltensverantwortlichkeit, § 14 SächsPBG/§ 6 SächsPVDG

b) Zustandsverantwortlichkeit, § 15 SächsPBG/§ 7 SächsPVDG

c) Nicht verantwortliche Personen, § 17 SächsPBG/§ 9 SächsPVDG

3. Rechtsfolge: Ermessen

a) Entschließungsermessen („OB“)

b) Auswahlermessen („WIE“)

aa) Auswahl des richtigen Verantwortlichen

bb) Auswahl des richtigen Mittels

SCHEMA MIT DEFINITIONEN UND PROBLEMÜBERSICHT

Generalklausel – Ermächtigungsgrundlage, formelle Rechtmäßigkeit, Gefahr für die öffentliche Sicherheit oder Ordnung

I. Ermächtigungsgrundlage für die Maßnahme
Generalklausel, § 12 I SächsPBG/§ 12 I SächsPVDG

Beachte: Vorrangig sind Spezialgesetze (z.B. § 17 SächsVersG) und die Standardmaßnahmen (§§ 18 ff. SächsPBG/§§ 13 ff. SächsPVDG).

Ⓟ Kein bloßes Gebot oder Verbot

II. Formelle Rechtmäßigkeit der Maßnahme

1. Zuständigkeit

Grds. zuständig ist der **Bürgermeister/Oberbürgermeister** als **Ortspolizeibehörde** gem. §§ 1 I Nr. 4, II, 2 I, 5 I, II 1, 6 I SächsPBG i.V.m. § 53 III 1 SächsGemO.
Ausnahme: In **Eilfällen** darf der **Polizeivollzugsdienst** in Gestalt der Polizeidirektion tätig werden gem. §§ 2 III, 97 I Nr. 5, 100, 103 SächsPVDG i.V.m. § 6 I SächsPolOrgVO.

2. Verfahren, § 28 VwVfG

3. Form, §§ 37 II, 39 VwVfG

III. Materielle Rechtmäßigkeit der Maßnahme

1. Gefahr für die öffentliche Sicherheit oder Ordnung

a) Öffentliche Sicherheit

Legaldefinition, § 4 Nr. 1 SächsPVDG (ggf. i.V.m. **§ 3 SächsPBG** bei einem Handeln der Ortspolizeibehörde)
Die öffentliche Sicherheit umfasst die Unverletzlichkeit der **Rechtsordnung**, der **subjektiven Rechte** und Rechtsgüter **des Einzelnen** sowie des Bestandes, der Einrichtungen und Veranstaltungen des Staates oder sonstiger Träger der Hoheitsgewalt.

Ⓟ Herleitung eines Anspruchs auf polizeiliches Einschreiten

b) Öffentliche Ordnung *(subsidiär zur öffentlichen Sicherheit)*

Legaldefinition in **§ 4 Nr. 2 SächsPVDG** (ggf. i.V.m. **§ 3 SächsPBG**)
Die öffentliche Ordnung umfasst die Gesamtheit der i.R.d. verfassungsmäßigen Ordnung liegenden **ungeschriebenen Regeln** für das **Verhalten des Einzelnen in der Öffentlichkeit**, deren Beachtung nach den jeweils herrschenden Anschauungen als unerlässliche Voraussetzung für ein geordnetes Zusammenleben betrachtet wird.

Ⓟ Verfassungsmäßigkeit

Ⓟ Herleitung der ungeschriebenen Verhaltensregeln

c) Gefahr

Legaldefinition in **§ 4 Nr. 3a) SächsPVDG** (ggf. i.V.m. **§ 3 SächsPBG**)
Eine Gefahr ist eine Sachlage, bei der im Einzelfall die **hinreichende Wahrscheinlichkeit** besteht, dass **in absehbarer Zeit** ein Schaden für die **öffentliche Sicherheit oder Ordnung** eintreten wird.

Ⓟ Gefahrenverdacht

Ⓟ Anscheinsgefahr

Ⓟ Schein- bzw. Putativgefahr

Ⓟ Störung

DIE WICHTIGSTEN PROBLEME – LÖSUNGSANSÄTZE

Ⓟ Ermächtigungsgrundlage für die Maßnahme – kein bloßes Ge- oder Verbot

Ermächtigungsgrundlagen beinhalten eine behördliche Handlungsermächtigung, sie haben also eine Rechtsfolge. **Bloße Ge- oder Verbote** (z.B. Anleinpflicht bei gefährlichen Hunden) sind somit **keine Ermächtigungsgrundlagen**.

Ⓟ Öffentliche Sicherheit – Herleitung eines Anspruchs auf polizeiliches Einschreiten

Wenn im konkreten Fall ein Individualrechtsgut bedroht ist (z.B. bei einer Entführung), wandelt sich die Generalklausel von einer Ermächtigungsgrundlage in eine **Anspruchsgrundlage**, gerichtet auf ermessensfehlerfreie Entscheidung über ein polizeiliches Einschreiten.

Ⓟ Öffentliche Ordnung – Verfassungsmäßigkeit

Evtl. Verstoß gegen das Bestimmtheitsgebot (Art. 20 III GG), weil die Definition so ungenau ist. Aber: Begriff wird auch im GG verwendet (z.B. Art. 13 VII GG). Ist zudem durch jahrzehntelange Rechtsprechung hinreichend konkretisiert.

Ⓟ Öffentliche Ordnung – Herleitung der ungeschriebenen Verhaltensregeln

Erfolgt nach h.M. unter Rückgriff auf die **Wertvorstellungen des GG**, insbesondere die **Ausstrahlungswirkung der GR**, weil sich hier die grundsätzlichen Vorstellungen über das Zusammenleben finden.

Ⓟ Gefahr – Gefahrenverdacht

DEFINITION

Ex ante bestehen Anhaltspunkte dafür, dass eine **Gefahr bestehen könnte** (z.B. mögliche Umweltverschmutzung durch ablaufendes Löschwasser). Legitimiert ein behördliches Einschreiten.

Ⓟ Gefahr – Anscheinsgefahr

DEFINITION

Ex ante liegt eine **Gefahr vor, ex post jedoch nicht**. Legitimiert ebenfalls ein behördliches Einschreiten.

BEISPIEL: Polizeivollzugsbeamter schießt auf eine Person, die eine täuschend echte Nachbildung einer Waffe in der Hand hält.

Ⓟ Gefahr – Schein- bzw. Putativgefahr

DEFINITION

Gefahr existiert nur in der **irrigen Vorstellung** des handelnden Beamten. Legitimiert kein behördliches Einschreiten, polizeiliche Maßnahme ist rechtswidrig.

BEISPIEL: Polizeivollzugsbeamter hält Dreharbeiten für einen „Tatort" für real.

Ⓟ Gefahr – Störung

DEFINITION

Gefahr hat sich realisiert und dauert noch an (z.B. an fortdauernde Geiselnahme).

PRÜFUNGSSCHEMA

SCHEMA MIT DEFINITIONEN UND PROBLEMÜBERSICHT

Generalklausel – Verursacher und Rechtsfolge

I. Ermächtigungsgrundlage für die Maßnahme

II. Formelle Rechtmäßigkeit der Maßnahme

III. Materielle Rechtmäßigkeit der Maßnahme (am Beispiel der Generalklausel)

1. Gefahr für die öffentliche Sicherheit oder Ordnung

2. Verantwortlichkeit, §§ 14, 15, 17 SächsPBG/§§ 6, 7, 9 SächsPVDG

DEFINITION
Kausal für eine Gefahr ist die Person bzw. die Sache, die unmittelbar die Gefahr setzt und damit die Gefahrenschwelle überschreitet (**Theorie der unmittelbaren Verursachung**).

a) Verhaltensverantwortlichkeit, § 14 SächsPBG/§ 6 SächsPVDG

Ⓟ Zweckveranlasser

b) Zustandsverantwortlichkeit, § 15 SächsPBG/§ 7 SächsPVDG

Ⓟ Latente Gefahr

c) Nicht verantwortliche Personen, § 17 SächsPBG/§ 9 SächsPVDG (sog. Notstandspflichtiger/Nichtstörer)

Die strengen Voraussetzungen des § 17 I SächsPBG/§ 9 I SächsPVDG müssen **kumulativ** vorliegen.
Legaldefinition gegenwärtige Gefahr i.S.v. § 17 I Nr. 1 SächsPBG/§ 9 I Nr. 1 SächsPVDG in **§ 4 Nr. 3b) SächsPVDG** (ggf. i.V.m. **§ 3 SächsPBG**).

3. Rechtsfolge: Ermessen

Grundsatz der **effektiven Gefahrenabwehr**, d.h. das Ermessen ist so auszuüben, dass die Gefahr möglichst schnell, sicher und kostengünstig abgewehrt wird.

Ⓟ Ermessensreduzierung auf null

a) Entschließungsermessen („OB" des Einschreitens)

Ⓟ Verstoß gegen Art. 3 I GG

b) Auswahlermessen („WIE" des Einschreitens)

Verhältnismäßigkeitsprüfung.

Ⓟ Gefahrerforschungsmaßnahmen bei Gefahrenverdacht

DIE WICHTIGSTEN PROBLEME – LÖSUNGSANSÄTZE

Ⓟ Verhaltensverantwortlichkeit - Zweckveranlasser

DEFINITION
Zweckveranlasser ist derjenige, der durch sein Verhalten das Verhalten des unmittelbar Verantwortlichen hervorruft.

Auch der Zweckveranlasser ist neben dem unmittelbaren Verursacher für die Gefahr verantwortlich und kann daher Adressat der polizeilichen Maßnahme sein.
Strittig ist, aus welcher Perspektive das „hervorruft" zu beurteilen ist. Nach einer Ansicht muss der Zweckveranlasser die Gefahrverursachung durch den unmittelbar Verantwortlichen wollen (**subjektive Theorie**). Dagegen spricht, dass subjektive Elemente dem POR wesensfremd sind, weil niemand bestraft, sondern „nur" eine Gefahr abgewehrt werden soll. Daher stellt die Gegenauffassung auf eine **objektive Betrachtung** ab, d.h. entscheidend ist, ob das Verhalten des Zweckveranlassers aus der Sicht eines objektiven Dritten den unmittelbaren Verursacher zu seinem Verhalten veranlasst.
Beachte: Wer nur friedlich seine Grundrechte ausübt, kann nicht Zweckveranlasser sein.

BEISPIEL: Provoziert eine friedliche Versammlung gewalttätige Ausschreitungen von Gegendemonstranten, sind diese für die Gefahr alleine verantwortlich und nicht die friedliche Ausgangsversammlung.

Ⓟ Zustandsverantwortlichkeit – latente Gefahr

DEFINITION
Latente Gefahr bedeutet, dass eine Sache erst bei Hinzutreten eines weiteren Umstandes eine Gefahr hervorruft.

Ⓟ Rechtsfolge – Ermessensreduzierung auf null

Kriterien für eine Ermessensreduzierung auf null: Wert des bedrohten Rechtsguts, Intensität der Gefahr, Folgenbetrachtung (welche Folgen treten bei einem behördlichen Handeln ein?).

Ⓟ Entschließungsermessen – Verstoß gegen Art. 3 I GG

Verstoß gegen Art. 3 I GG, wenn ohne sachlichen Grund in einem Fall eingeschritten wird und in einem anderen Fall nicht. Prüfungsschwerpunkt ist, ob ein sachlicher Grund vorliegt.

Ⓟ Auswahlermessen – Gefahrerforschungsmaßnahmen bei Gefahrenverdacht

Bei einem Gefahrenverdacht darf **grds. nur** die **Gefahr erforscht** werden, und zwar wegen des Amtsermittlungsgrundsatzes richtigerweise nur **durch die Behörde selbst**, also keine Abwälzung der Pflicht auf den Verdachtsverursacher. **Ausnahme:** Sind hochwertige Rechtsgüter bedroht (insbesondere Leib und Leben), dürfen endgültige Gefahrenabwehrmaßnahmen ergriffen werden.

B. Standardmaßnahmen, §§ 18 ff. SächsPBG/§§ 13 ff. SächsPVDG

Beachte: Dargestellt werden nur besonders prüfungsrelevante Standardmaßnahmen. Der Grundaufbau entspricht demjenigen der Generalklausel.

PRÜFUNGSSCHEMA

SCHEMA WOHNUNGSVERWEISUNG, § 19 SächsPVDG/keine Regelung im SächsPBG (ist dort also unzulässig)

I. Ermächtigungsgrundlage für Wohnungsverweisung
§ 19 I SächsPVDG.

II. Formelle Rechtmäßigkeit der Wohnungsverweisung

1. Zuständigkeit
Polizeivollzugsdienst in Gestalt der Polizeidirektion gem. §§ 19 I, 97 I Nr. 5, 100, 103 SächsPVDG i.V.m. § 6 I SächsPolOrgVO. **Ortspolizeibehörde** (Bürgermeister/Oberbürgermeister) darf mangels Regelung im SächsPBG **nicht** tätig werden.

2. Verfahren, § 28 VwVfG

3. Form, §§ 37 II, 39 VwVfG

III. Materielle Rechtmäßigkeit der Wohnungsverweisung

1. Gegenwärtige Gefahr für Leben, Gesundheit oder Freiheit für eine in derselben Wohnung lebende Person
Legaldefinition gegenwärtige Gefahr in **§ 4 Nr. 3b) SächsPVDG**.
Wegen des mit dem Wohnungsverweis verbundenen Eingriffs in Art. 11 I GG und dem qualifizierten Gesetzesvorbehalt des Art. 11 II GG („strafbaren Handlungen") muss die Realisierung der Gefahr einen **Straftatbestand** erfüllen.

2. Verantwortlichkeit
Abschließende Regelung in § 19 I SächsPVDG (derjenige, der die andere Person bedroht). Daher keine Anwendung der §§ 6, 7, 9 SächsPVDG.

3. Rechtsfolge: Ermessen
Wohnungsverweis ist zu **befristen**, § 19 I SächsPVDG. Zudem ist gem. § 19 I SächsPVDG ein **Rückkehr- und Kontaktverbot** möglich.

PRÜFUNGSSCHEMA

SCHEMA MELDEAUFLAGE, § 20 SächsPVDG/keine Regelung im SächsPBG (ist dort also unzulässig)

I. Ermächtigungsgrundlage für Wohnungsverweisung
§ 20 I 1 SächsPVDG.

II. Formelle Rechtmäßigkeit der Wohnungsverweisung

1. Zuständigkeit
Polizeivollzugsdienst in Gestalt der Polizeidirektion gem. §§ 20 I 1, 97 I Nr. 5, 100, 103 SächsPVDG i.V.m. § 6 I SächsPolOrgVO. **Ortspolizeibehörde** (Bürgermeister/Oberbürgermeister) darf mangels Regelung im SächsPBG **nicht** tätig werden.
Für **Verlängerung** einer **Meldeauflage** ist gem. **§ 20 II 3 SächsPVDG** das **Amtsgericht** zuständig.

2. Verfahren, § 28 VwVfG

3. Form, §§ 37 II, 39 VwVfG

III. Materielle Rechtmäßigkeit der Wohnungsverweisung

1. Tatsachen rechtfertigen Annahme der Begehung einer konkretisierten Straftat
Es muss ein zeitlich oder örtlich begrenztes Geschehen vorliegen, z.B. ein Fußballspiel. Drohende Straftat muss ihrer Art nach konkretisiert sein, z.B. Körperverletzung oder Sachbeschädigung.

2. Verantwortlichkeit
Abschließende Regelung in § 20 I 1 SächsPVDG (derjenige, der die Straftat begehen wird). Daher keine Anwendung der §§ 6, 7, 9 SächsPVDG.

3. Rechtsfolge: Ermessen
Meldung bei Dienststellen an bestimmten Tagen zu bestimmten Zeiten. Begrenzung des Ermessens durch **§ 20 I 2 SächsPVDG** (z.B. Gestattung eines Arztbesuchs). Ferner **Befristung** gem. **§ 20 II 1 SächsPVDG.**

PRÜFUNGSSCHEMA

SCHEMA AUFENTHALTSUNTERSAGUNG, § 21 I SächsPVDG/keine Regelung im SächsPBG (ist dort also unzulässig)

I. Ermächtigungsgrundlage für die Aufenthaltsuntersagung
§ 21 I SächsPVDG.

II. Formelle Rechtmäßigkeit der Aufenthaltsuntersagung

1. Zuständigkeit
Polizeivollzugsdienst in Gestalt der Polizeidirektion gem. §§ 21 I, 97 I Nr. 5, 100, 103 SächsPVDG i.V.m. § 6 I SächsPolOrgVO. **Ortspolizeibehörde** (Bürgermeister/Oberbürgermeister) darf mangels Regelung im SächsPBG **nicht** tätig werden.

2. Verfahren, § 28 VwVfG

3. Schriftform, § 21 VI SächsPVDG

III. Materielle Rechtmäßigkeit der Aufenthaltsuntersagung

1. Drohende Straftat von erheblicher Bedeutung
Tatsachen müssen die Annahme rechtfertigen, dass der Adressat der Aufenthaltsuntersagung in absehbarer Zeit im Gemeindegebiet eine Straftat von erheblicher Bedeutung begehen wird, § 21 I SächsPVDG. **Legaldefinition Straftat von erheblicher Bedeutung** in **§ 4 Nr. 4 SächsPVDG**.

2. Verantwortlichkeit
Abschließende Regelung in § 21 I SächsPVDG (derjenige, der die Straftat begehen wird). Daher keine Anwendung der §§ 6, 7, 9 SächsPVDG.

3. Rechtsfolge: Ermessen
Aufenthaltsverbot muss gem. § 21 I SächsPVDG auf das Gemeindegebiet oder einen Gemeindegebietsteil beschränkt sein. Zudem muss die Behörde die Beschränkungen des **§ 21 VII SächsPVDG** beachten.

PRÜFUNGSSCHEMA

SCHEMA GEWAHRSAM, § 22 SächsPVDG/keine Regelung im SächsPBG (ist dort also unzulässig)

I. **Ermächtigungsgrundlage für den Gewahrsam**
§ 22 I-III SächsPVDG.

II. **Formelle Rechtmäßigkeit des Gewahrsams**

1. **Zuständigkeit**
Polizeivollzugsdienst in Gestalt der Polizeidirektion gem. §§ 22 I, 97 I Nr. 5, 100, 103 SächsPVDG i.V.m. § 6 I SächsPolOrgVO. **Ortspolizeibehörde** (Bürgermeister/ Oberbürgermeister) darf mangels Regelung im SächsPBG **nicht** tätig werden.

2. **Verfahren**
Grds. richterliche Entscheidung erforderlich, § 23 SächsPVDG. Beachte zudem § 24 SächsPVDG.

3. **Form**

III. **Materielle Rechtmäßigkeit des Gewahrsams**

1. **Gewahrsamsgrund gem. § 22 I-III SächsPVDG**

DEFINITION
Die Begehung oder Fortsetzung steht i.S.v. § 22 I Nr. 2 SächsPVDG unmittelbar bevor, wenn ihre Realisierung mit an Sicherheit grenzender Wahrscheinlichkeit direkt droht.

2. **Verantwortlichkeit**
Abschließende Regelung in § 22 I-III SächsPVDG (derjenige, der die dort genannten Gewahrsamsgründe verwirklicht). Daher keine Anwendung der §§ 6, 7, 9 SächsPVDG.

3. **Rechtsfolge: Ermessen**
Zu beachten sind die Beschränkungen aus **§ 26 SächsPVDG**.

PRÜFUNGSSCHEMA

SCHEMA BETRETEN UND DURCHSUCHUNG VON WOHNUNGEN, § 29 SächsPVDG/§ 23 SächsPBG

I. Ermächtigungsgrundlage für das Betreten und die Durchsuchung
§ 29 I 1, II, III SächsPVDG/§ 23 I 1, II SächsPBG.

Nur eine Erlaubnis zum **Betreten** beinhalten **§ 29 IV, V SächsPVDG/§ 23 III SächsPBG**.

II. Formelle Rechtmäßigkeit des Betretens/der Durchsuchung

1. Zuständigkeit
In den **Fällen des§ 29 I 1 Nr. 3, 4, II, IV SächsPVDG nur** der **Polizeivollzugsdienst**, weil nur er in diesen Fällen handeln darf. **Im Übrigen** die **Ortspolizeibehörde** (Bürgermeister/Oberbürgermeister), im **Eilfall** der **Polizeivollzugsdienst** (s.o. Generalklausel).

2. Verfahren
Bei Durchsuchungen **grds. richterliche Entscheidung** erforderlich, § 30 I SächsPVDG/§ 24 I SächsPBG.

Ausnahme: **Gefahr im Verzug**. Dann darf die Behörde alleine über die Durchführung der Durchsuchung entscheiden.

DEFINITION
Gefahr im Verzug liegt vor, wenn der Durchsuchungserfolg bei vorheriger Einschaltung des Richters wegen der damit verbundenen Zeitverzögerung gefährdet wäre.

Zudem ist **§ 30 II, III SächsPVDG/§ 24 II, III SächsPBG** zu beachten.

3. Form
§ 30 IV, V SächsPVDG/§ 24 IV, V SächsPBG ist zu beachten.

III. Materielle Rechtmäßigkeit des Betretens/der Durchsuchung

1. Wohnung i.S.v. § 30 I 2 SächsPVDG/§ 23 I 2 SächsPBG

2. Betretens- oder Durchsuchungsgrund

Betretungsgründe: § 29 I 1, II, III, IV, V SächsPVDG/§ 23 I 1, II, III SächsPBG.

Durchsuchungsgründe: § 29 I 1, II, III SächsPVDG/§ 23 I 1, II SächsPBG.

DEFINITION
Durchsuchung fordert ein ziel- und zweckgerichtetes Suchen nach einer Person oder Sache, die von dem Inhaber der Wohnung planmäßig verborgen gehalten wird.
Beachte: Beschränkung während der **Nachtzeit** durch **§ 29 III SächsPVDG/ § 23 II SächsPBG**.

3. Verantwortlichkeit
Abschließende Regelung in § 29 SächsPVDG/§ 23 SächsPBG (der Wohnungsinhaber). Daher keine Anwendung der §§ 6, 7, 9 SächsPVDG/§§ 14, 15, 17 SächsPBG.

4. Rechtsfolge: Ermessen

PRÜFUNGSSCHEMA

SCHEMA SICHERSTELLUNG, § 31 SächsPVDG/§ 25 SächsPBG

I. Ermächtigungsgrundlage für Sicherstellung
§ 31 I SächsPVDG/§ 25 I SächsPBG.

II. Formelle Rechtmäßigkeit der Sicherstellung

1. Zuständigkeit
Grds. Ortspolizeibehörde (Bürgermeister/Oberbürgermeister), im Eilfall der Polizeivollzugsdienst (s.o. Generalklausel).

2. Verfahren, § 28 VwVfG

3. Form

III. Materielle Rechtmäßigkeit der Sicherstellung

1. Sicherstellungsgrund
Es muss ein Sicherstellungsgrund nach § 31 I Nr. 1-3 SächsPVDG/§ 25 I SächsPBG vorliegen.

Legaldefinition gegenwärtige Gefahr in **§ 4 Nr. 3b) SächsPVDG** (ggf. i.V.m. **§ 3 SächsPBG**).

2. Verantwortlichkeit
Abschließende Regelung in § 31 I Nr. 2, 3 SächsPVDG/§ 25 I Nr. 2, 3 SächsPBG.
Im Übrigen Anwendung der §§ 6, 7, 9 SächsPVDG/§§ 14, 15, 17 SächsPBG.

3. Rechtsfolge: Ermessen
Zu beachten ist die Beschränkung des **§ 34 SächsPVDG/§ 28 SächsPBG.**

C. Spezialvorschrift außerhalb des SächsPBG/SächsPVDG

SCHEMA VERSAMMLUNGSVERBOT UND –AUFLÖSUNG, § 17 SächsVersG

I. Ermächtigungsgrundlage für das Verbot/die Auflösung
Verbot: § 17 I 1, II SächsVersG.
Auflösung: § 17 III SächsVersG.

II. Formelle Rechtmäßigkeit von Verbot/Auflösung

1. Zuständigkeit
Kreispolizeibehörde (Landratsamt bzw. in Kreisfreien Städten der Oberbürgermeister) im **Anwendungsbereich des § 29 I SächsVersG** i.V.m. §§ 1 I Nr. 3 II, 5 I, II 1 SächsPBG i.V.m. § 53 III 1 SächsGemO. **Polizeivollzugsdienst** (örtlich zuständige Polizeidirektion) im **Anwendungsbereich des § 29 II, III SächsVersG** gem. §§ 97 I Nr. 5, 100, 103 SächsPVDG i.V.m. § 6 I SächsPolOrgVO.

2. Verfahren, § 28 VwVfG

3. Form, §§ 37 II, 39 VwVfG

III. Materielle Rechtmäßigkeit der Maßnahme von Verbot/Auflösung

1. Versammlung
Legaldefinition in **§ 2 I 1 SächsVersG**.

2. Öffentlich

DEFINITION
Die Versammlung ist öffentlich, wenn sich **jedermann** an ihr beteiligen kann.

3. Unter freiem Himmel

DEFINITION
Die Versammlung findet unter freiem Himmel statt, wenn sie **keine festen seitlichen Begrenzungen** hat.

4. Unmittelbare Gefahr für die öffentliche Sicherheit oder Ordnung
Die Merkmale „Gefahr", „öffentliche Sicherheit" und „öffentliche Ordnung" sind genauso zu definieren wie bei der polizeilichen Generalklausel.

DEFINITION
„Unmittelbar" bedeutet, dass gesicherte Erkenntnisse vorliegen, dass es **bei Durchführung** der konkreten Versammlung **jederzeit** zu einem **Schaden** für das zu schützende Rechtsgut kommen kann (**strenge Anforderungen** an die Gefahrenprognose).

Versammlungsverbote können alternativ auch auf § 15 II VersammlG gestützt werden (Verbot der Versammlung an „historisch sensiblen Orten").

5. Verantwortlichkeit
Richtet sich primär nach dem SächsVersG (z.B. richtet sich ein Versammlungsverbot gem. § 17 I 1 SächsVersG gegen den Veranstalter). Gibt es keine Regelung im SächsVersG, dann ist für Maßnahmen gegen einzelne Versammlungsteilnehmer auf §§ 14, 15, 17 SächsPBG / §§ 6, 7, 9 SächsPVDG zurückzugreifen (vgl. § 13 I SächsVersG).

6. Rechtsfolge: Ermessen

2. Teil: Rechtmäßigkeit einer Polizeiverordnung

PRÜFUNGSSCHEMA

SCHEMA POLIZEIVERORDNUNG, §§ 32 ff. SächsPBG

I. Ermächtigungsgrundlage für die Polizeiverordnung
§ 32 I SächsPBG oder § 33 I, II SächsPBG (je nach Inhalt der Verordnung).

II. Formelle Rechtmäßigkeit der Polizeiverordnung

1. Zuständigkeit
§§ 34, 35 I 1, II 1 SächsPBG.

Polizeivollzugsdienst darf **keine** Polizeiverordnung erlassen.

2. Verfahren
§ 38 SächsPBG.

3. Form
§§ 35 I 2, II 2, 37 SächsPBG.

III. Materielle Rechtmäßigkeit der Polizeiverordnung

1. Gefahr für die öffentliche Sicherheit oder Ordnung
Die Merkmale „öffentliche Sicherheit" und „öffentliche Ordnung" sind genauso zu definieren wie bei der polizeilichen Generalklausel. Mit „Gefahr" ist hingegen eine **abstrakte Gefahr** gemeint, da im Gegensatz zur Generalklausel und zu den Standardmaßnahmen keine konkrete Gefahr bekämpft wird, sondern eine abstrakte Regelung erlassen wird.

Legaldefinition abstrakte Gefahr in § 3 SächsPBG i.V.m. **§ 4 Nr. 3h) SächsPVDG**.

BEISPIEL: Das Füttern von Tauben stärkt deren Population und führt damit zu Verschmutzungen durch den Dreck, den die Tauben hinterlassen. Dieser Dreck verursacht wiederum eine konkrete Gefahr.

Gutachten: In einer Klausur kommt es darauf an, genau diesen Kausalzusammenhang durch Auswertung der Sachverhaltsangaben aufzuzeigen.

2. Rechtsfolge: Ermessen

3. Teil: Rechtmäßigkeit eines Kostenbescheids nach einer Vollstreckung bzw. unmittelbaren Ausführung

PRÜFUNGSSCHEMA

SCHEMA KOSTENBESCHEID NACH EINER VERWALTUNGSVOLLSTRECKUNG

A. Ermächtigungsgrundlage für den Kostenbescheid
Ermächtigungsgrundlage für einen Kostenbescheid sind § 39 I SächsPVDG (bei einem Handeln des Polizeivollzugsdienstes) i.V.m. §§ 2, 19 I, 24 I 1 SächsVwVG (bei Ersatzvornahme)

B. Formelle Rechtmäßigkeit des Kostenbescheids

I. Zuständigkeit
Zuständig ist die Behörde, die vollstreckt hat, § 24 III 1 SächsVwVG

II. Verfahren, § 28 VwVfG
§ 28 II Nr. 5 VwVfG (-), Kostenbescheid ist keine Maßnahme „in“ der Verwaltungsvollstreckung.

III. Form, §§ 37 II, 39 VwVfG

C. Materielle Rechtmäßigkeit des Kostenbescheids

I. Rechtmäßigkeit der Vollstreckung

1. Ermächtigungsgrundlage für die Vollstreckung
§ 39 I SächsPVDG (bei einem Handeln des Polizeivollzugsdienstes) i.V.m. §§ 2, 19 I, 24 I 1 SächsVwVG (bei Ersatzvornahme) oder §§ 2, 19 I, 22 I SächsVwVG (bei Zwangsgeld) oder §§ 2, 19 I, 25 SächsVwVG (bei unm. Zwang).

2. Formelle Rechtmäßigkeit der Vollstreckung

a) Zuständigkeit
Grds. § 4 I 1 Nr. 1 SächsVwVG, Ausnahme § 9 I 1, II SächsPBG i.V.m. § 1 S. 1 Nr. 1 GemPolVO.

b) Verfahren
Anhörung entbehrlich gem. **§ 28 II Nr. 5 VwVfG**.

c) Form

3. Materielle Rechtmäßigkeit der Vollstreckung

a) VA auf Handlung, Duldung oder Unterlassung, §§ 2, 19 I SächsVwVG (sog. Grund-VA)
Beachte: Das ist das **Abgrenzungsmerkmal zur unmittelbaren Ausführung**. Grund-VA (+) → gestrecktes Verwaltungsvollstreckung. Grund-VA (-) → unmittelbare Ausführung.

b) Vollstreckbarkeit des Grund-VA, § 2 SächsVwVG
„Unanfechtbar“ = bestandskräftig.
„Aufschiebende Wirkung eines Rechtsbehelfs entfällt“ = § 80 II VwGO.
Beachte: Der Grund-VA muss nicht im Zeitpunkt seines Erlasses vollstreckbar sein, sondern zu dem Zeitpunkt, zu dem er vollstreckt wird.

c) **Rechtmäßigkeit des Grund-VA**
Unstreitig keine Voraussetzung, wenn Grund-VA bereits unanfechtbar ist. Kann der Grund-VA infolge Bestandskraft nämlich nicht mehr direkt angegriffen werden, scheidet auch eine inzidente Rechtmäßigkeitsprüfung aus.

Ⓟ Rechtsbehelf hat keine aufschiebende Wirkung

M.M.: Grund-VA muss rechtmäßig sein, weil rechtswidriger Grund-VA wegen Art. 20 III GG nicht vollstreckt werden darf.

H.M.: Es ist Sache des Betroffenen, einen rechtswidrigen VA anzugreifen. Folglich wird auch der Grund-VA nicht automatisch überprüft, sondern nur, wenn er explizit angefochten wird.

d) **Besondere Vollstreckungsvoraussetzungen**

aa) **Richtiges Zwangsmittel**
Abschließende Auflistung in § 19 II SächsVwVG. Ersatzvornahme nur bei vertretbaren Handlungen, § 24 I 1 SächsVwVG. Unmittelbarer Zwang ist ultima ratio, § 25 II SächsVwVG.

bb) **Androhung, § 20 SächsVwVG**
Ist ein VA, weil sich Behörde mit der Androhung für ein bestimmtes Zwangsmittel entscheidet, § 20 III 1 SächsVwVG. Muss daher bekanntgegeben werden. Androhung ist jedoch bei **Gefahr im Verzug entbehrlich** gem. **§ 21 SächsVwVG**.

Spezialregelung für unmittelbaren Zwang in **§ 41 SächsPVDG**.

cc) **Ggf. Festsetzung**
Nur zwingend beim Zwangsgeld, vgl. § 22 II SächsVwVG.

dd) **Rechtsfolge: Ermessen**
Insbesondere Prüfung der Verhältnismäßigkeit. Spezielle Vorschriften für Anwendung des unmittelbaren Zwangs in **§§ 41 ff. SächsPVDG**.

II. **Richtiger Kostenschuldner**
Ist **derjenige, der** die **Vollstreckung verursacht** hat. Bei mehreren Verantwortlichen Auswahl danach, wer die Vollstreckung hauptsächlich verursacht hat.

III. **Erstattungsfähigkeit der Kosten**
Grds. besteht eine **Erstattungspflicht**, weil anderenfalls die Allgemeinheit für die Kosten aufkommen muss.

Ausnahme: Kostenbelastung ist unverhältnismäßig.

BEISPIELE: Kosten sind zu hoch; es liegt eine Anscheinsgefahr oder ein Gefahrenverdacht vor, den der Betroffene nicht zurechenbar verursacht hat.

PRÜFUNGSSCHEMA

SCHEMA KOSTENBESCHEID NACH EINER UNMITTELBAREN AUSFÜHRUNG

A. Ermächtigungsgrundlage für den Kostenbescheid
§ 16 II SächsPBG/§ 8 II SächsPVDG.

B. Formelle Rechtmäßigkeit des Kostenbescheids

I. Zuständigkeit
Zuständig ist die Behörde, die die unmittelbare Ausführung vorgenommen hat.

II. Verfahren
§ 28 II Nr. 5 VwVfG (-), Kostenbescheid ist keine Maßnahme „in" der Verwaltungsvollstreckung.

III. Form, §§ 37 II, 39 VwVfG

C. Materielle Rechtmäßigkeit des Kostenbescheids

I. Rechtmäßigkeit der unmittelbaren Ausführung

1. Ermächtigungsgrundlage für die unmittelbare Ausführung
§ 16 I 1 SächsPBG/§ 8 I 1 SächsPVDG.
Beachte: Keine Anwendung des SächsVwVG und der §§ 39 ff. SächsPVDG, weil § 16 SächsPBG/§ 8 SächsPVDG systematisch nicht bei den Vollstreckungsvorschriften steht.

2. Formelle Rechtmäßigkeit der unmittelbaren Ausführung

a) Zuständigkeit
Grds. zuständig ist der **Bürgermeister/Oberbürgermeister** als **Ortspolizeibehörde** gem. §§ 1 I Nr. 4, II, 2 I, 5 I, II 1, 6 I, 16 I 1 SächsPBG i.V.m. § 53 III 1 SächsGemO.
Ausnahme: In **Eilfällen** darf der **Polizeivollzugsdienst** in Gestalt der Polizeidirektion tätig werden gem. §§ 2 III, 8 I 1, 97 I Nr. 5, 100, 103 SächsPVDG i.V.m. § 6 I SächsPolOrgVO.

b) Verfahren
§ 28 VwVfG (-), **unmittelbare Ausführung** ist **kein VA, sondern** ein **Realakt**.

c) Form

3. Materielle Rechtmäßigkeit der unmittelbaren Ausführung

a) Kein Grund-VA
„unmittelbar ausführen" = Behörde handelt ohne zugrunde liegenden VA.
BEISPIELE: Fehlende Bekanntgabe des Grund-VA; die zu beachtende Pflicht folgt unmittelbar aus dem Gesetz.

b) Rechtmäßigkeit des fiktiven Grund-VA
Die Pflicht, die unmittelbar ausgeführt wird, hätte dem Betroffenen rechtmäßig auferlegt werden können.
Gutachten: Inzidente Rechtmäßigkeitsprüfung (Ermächtigungsgrundlage, formelle und materielle Rechtmäßigkeit) – Klausurschwerpunkt.

c) Zweck der Maßnahme nicht oder nicht rechtzeitig erreichbar bei Inanspruchnahme des Verhaltens- oder Zustandsverantwortlichen
= Eilbedürftigkeit des behördlichen Handelns.

d) Rechtsfolge: Ermessen

II. Richtiger Kostenschuldner und Erstattungsfähigkeit der Kosten
Siehe oben die Ausführungen zum gestreckten Verwaltungsvollstreckungsverfahren.

1. Teil: Wirksamkeit eines Bauleitplans

Bauleitplan ist gem. **§ 1 II BauGB** der **Oberbegriff** für Flächennutzungsplan (F-Plan) und Bebauungsplan (B-Plan).

PRÜFUNGSSCHEMA

GRUNDSCHEMA WIRKSAMKEIT EINES BAULEITPLANS

I. Ermächtigungsgrundlage für den Bauleitplan
§§ 1 III 1, 2 I 1 BauGB.

II. Formelle Rechtmäßigkeit des Bauleitplans

1. **Zuständigkeit**
   Verbands- und Organkompetenz
2. **Verfahren**
   - **a) Planaufstellungsbeschluss**
   - **b) Frühzeitige Beteiligung der Öffentlichkeit und Unterrichtung der betroffenen Behörden, §§ 3 I, 4 I BauGB**
   - **c) Erarbeitung des Planentwurfs**
   - **d) Auslegung des Planentwurfs, Beteiligung der Öffentlichkeit und Stellungnahmen der betroffenen Behörden, §§ 3 II, 4 II BauGB**
   - **e) Überarbeitung des Planentwurfs**
   - **f) Auslegung des geänderten Planentwurfs gem. § 4a III BauGB oder Beschluss des Bauleitplans**
   - **g) Genehmigung des Bauleitplans**
3. **Form**
   - **a) Begründung des Bauleitplans, § 5 V, § 9 VIII BauGB**
   - **b) Bekanntmachung des Bauleitplans, § 6 V, § 10 III BauGB**

III. Materielle Rechtmäßigkeit des Bauleitplans

1. **Erforderlichkeit einer Planung, § 1 III 1 BauGB**
2. **Verstoß gegen das Entwicklungsgebot, § 8 II 1 BauGB**
3. **Abwägungsdisproportionalität**
   Beachte: Weist ein Bauleitplan einen Fehler auf → Prüfung der §§ 214, 215 BauGB.

PRÜFUNGSSCHEMA

SCHEMA MIT DEFINITIONEN UND PROBLEMÜBERSICHT

I. Ermächtigungsgrundlage für den Bauleitplan
§§ 1 III 1, 2 I 1 BauGB.

II. Formelle Rechtmäßigkeit des Bauleitplans

1. Zuständigkeit

Verbandskompetenz: Gemeinde, §§ 1 III 1, 2 I 1 BauGB.
Organkompetenz: Gemeinderat/Stadtrat, vgl. § 28 II Nr. 4 SächsGemO.

2. Verfahren

a) Planaufstellungsbeschluss
Nur fakultativ → Fehler sind unbeachtlich.

b) Frühzeitige Beteiligung der Öffentlichkeit und Unterrichtung der betroffenen Behörden, §§ 3 I, 4 I BauGB

c) Erarbeitung des Planentwurfs
Delegation auf Dritten möglich, § 4b BauGB (z.B. auf einen privaten Stadtplaner).

d) Auslegung des Planentwurfs, Beteiligung der Öffentlichkeit und Stellungnahmen der betroffenen Behörden, §§ 3 II, 4 II BauGB

e) Überarbeitung des Planentwurfs
Ⓟ Ermittlungs- und Bewertungsfehler, § 2 III BauGB

f) Auslegung des geänderten Planentwurfs gem. § 4a III BauGB oder Beschluss des Bauleitplans

g) Genehmigung des Bauleitplans
Bei F-Plan immer erforderlich gem. § 6 I BauGB, beim B-Plan nur in den Fällen des § 10 II BauGB.

3. Form

a) Begründung des Bauleitplans, § 5 V, § 9 VIII BauGB

b) Bekanntmachung des Bauleitplans, § 6 V, § 10 III BauGB

III. Materielle Rechtmäßigkeit des Bauleitplans

1. Erforderlichkeit einer Planung, § 1 III 1 BauGB

DEFINITION
Es ist vernünftigerweise geboten, die bauliche Entwicklung im Gemeindegebiet durch eine vorherige Planung zu ordnen.

Verstoß nur bei groben, offensichtlichen Fehlern.

BEISPIEL: Bauleitplan dient nur dazu, ein Bauvorhaben zu verhindern (sog. Verhinderungsplanung).

2. Verstoß gegen das Entwicklungsgebot, § 8 II 1 BauGB

DEFINITION
Das Entwicklungsgebot ist verletzt, wenn sich der B-Plan nicht in dem Rahmen hält, den der F-Plan vorgibt. **Hilfestellung: § 1 I, II BauNVO.**

BEISPIEL: Sieht F-Plan eine Wohnbaufläche (W) vor, muss B-Plan ein Baugebiet festsetzen, dass mit einem „W" beginnt (§ 1 II Nr. 1-4 BauNVO).

3. Abwägungsdisproportionalität

Ⓟ Inhalt und Prüfungsstandort

Beachte: Weist ein Bauleitplan einen formellen oder materiellen Fehler auf → Prüfung der §§ 214, 215 BauGB.

Ⓟ *Prüfungsreihenfolge bei §§ 214, 215 BauGB*

DIE WICHTIGSTEN PROBLEME – LÖSUNGSANSÄTZE

Ⓟ Verfahren – Ermittlungs- und Bewertungsfehler

Bedeutet, dass bei der Abwägung (§ 1 VII BauGB) etwas falsch gemacht wurde. **Anerkannte Fehler** sind:

- Ermittlungs**ausfall**
  = Abwägung hat gar nicht stattgefunden (vergleichbar mit Ermessensnichtgebrauch).

  BEISPIEL: Gemeinde hat ihrer Bauleitplanung nur die Interessen des Bauherrn zugrunde gelegt.

- Ermessens**defizit**
  = bei der Abwägung wurden nicht alle Interessen berücksichtigt, die erkennbar, makelfrei und mehr als geringfügig sind. Beispiele für zu berücksichtigende Belange: §§ 1 VI, 1a BauGB.

- Bewertungs**ausfall bzw. –fehleinschätzung**
  = einzelne Belange wurden überhaupt nicht oder falsch bewertet.

  BEISPIEL: A ist Grundstückseigentümer im Bereich eines B-Plans, der gerade erarbeitet wird. Der Gemeinde ist das auch bekannt. Jedoch vergisst sie, dem Interesse des A einen Wert beizumessen (Bewertungsausfall) bzw. bewertet sein Interesse pauschal mit „null" (Bewertungsfehleinschätzung).

Gutachten: Der häufigste Fehler in Klausuren ist das Ermessensdefizit. Es ist im Übrigen strittig, ob die genannten Fehler tatsächlich Verfahrensfehler sind. Alternativ können sie auch erst in der materiellen Rechtmäßigkeit geprüft werden. Dann sind sie „Abwägungsfehler" zu nennen (also Abwägungsausfall usw.).

Ⓟ Abwägungsdisproportionalität – Inhalt und Prüfungsstandort

DEFINITION
Abwägungsdisproportionalität bedeutet fehlerhafter Ausgleich der zu berücksichtigenden Belange. Bauleitplan ist dann im Ergebnis falsch. Liegt nur bei groben Fehlern vor, d.h. wenn **absolut unverträgliche Gebäude nebeneinander** geplant werden.

BEISPIEL: Industriegebiet soll direkt neben Wohngebiet entstehen.

Prüfungsstandort: Ist unstreitig in der materiellen Rechtmäßigkeit zu prüfen.

Ⓟ §§ 214, 215 BauGB – Prüfungsreihenfolge

1. Beachtlichkeit des Fehlers gem. **§ 214 I-III BauGB**
   § 214 I BauGB listet die beachtlichen Verfahrens- und Formfehler auf
   → alle anderen Verfahrens- und Formfehler sind unbeachtlich.

   § 214 II BauGB listet die unbeachtlichen materiell-rechtlichen Fehler auf
   → alle anderen materiell-rechtlichen Fehler sind beachtlich.

   Beachte: Werden die Ermittlungs- und Bewertungsfehler (s.o.) in der materiellen Rechtmäßigkeit geprüft, gilt für ihre Beachtlichkeit § 214 III 2 BauGB. Diese Norm ist inhaltlich identisch mit § 214 I 1 Nr. 1 BauGB.

2. Heilung des Fehlers gem. **§ 214 IV BauGB**
   Gestattet nur Randkorrekturen. Faustformel: Formelle Fehler sind heilbar, materiell-rechtliche Fehler hingegen nicht.

3. Rügefrist gem. **§ 215 I BauGB**.

2. Teil: Baugenehmigungsverfahren

PRÜFUNGSSCHEMA

GRUNDSCHEMA ANSPRUCH AUF ERTEILUNG EINER BAUGENEHMIGUNG/ RECHTMÄSSIGKEIT EINER ERTEILTEN BAUGENEHMIGUNG

I. Anspruchsgrundlage/Ermächtigungsgrundlage für die Baugenehmigung
§ 72 I SächsBO.

II. Formelle Anspruchsvoraussetzungen/formelle Rechtmäßigkeit

1. Zuständigkeit

2. Verfahren

3. Formgerechter Antrag auf Erteilung der Baugenehmigung, § 68 SächsBO/Form der Baugenehmigung, § 72 II 1 SächsBO

III. Materielle Anspruchsvoraussetzungen/materielle Rechtmäßigkeit

1. Genehmigungsbedürftigkeit, § 59 SächsBO

2. Genehmigungsfähigkeit

a) Vereinbarkeit mit dem Bauplanungsrecht

aa) §§ 14, 15 BauGB

bb) Bauliche Anlage i.S.v. § 29 I BauGB

cc) Festlegung des Gebiets
§§ 30, 34 oder 35 BauGB.

dd) Voraussetzungen von §§ 30, 34 oder 35 BauGB

ee) Ggf. § 33 BauGB

ff) Ggf. § 37 BauGB

gg) Ggf. § 246 XIV BauGB

b) Vereinbarkeit mit dem Bauordnungsrecht

c) Vereinbarkeit mit sonstigen öffentlich-rechtlichen Vorschriften

PRÜFUNGSSCHEMA

SCHEMA MIT DEFINITIONEN UND PROBLEMÜBERSICHT

Baugenehmigung – Verfahren: Gemeindliches Einvernehmen, § 36 BauGB

I. Anspruchsgrundlage/Ermächtigungsgrundlage für die Baugenehmigung
§ 72 I SächsBO.

II. Formelle Anspruchsvoraussetzungen/formelle Rechtmäßigkeit

1. Zuständigkeit

Grds. das **Landratsamt** als untere Bauaufsichtsbehörde gem. §§ 57 I 1 Nr. 1, S. 2, 58 I 1 SächsBO i.V.m. §§ 1 IV, 49 III 1 SächsLKrO.

In **Kreisfreien Städten** ausnahmsweise der **Oberbürgermeister** als untere Bauaufsichtsbehörde gem. §§ 57 I 1 Nr. 1, S. 2, 58 I 1 SächsBO i.V.m. § 53 III 1 SächsGemO.

2. Verfahren

Gemeindliches Einvernehmen, § 36 BauGB, § 71 SächsBO.

DEFINITION

Einvernehmen bedeutet, dass die Gemeinde dem Bauvorhaben **zustimmen** muss.

Entscheidung über das Einvernehmen wird gegenüber der Bauaufsichtsbehörde erklärt und ist mangels Außenwirkung kein VA (**Verwaltungsinternum**).

Sonderregel zu § 36 II 2 BauGB in § 246 XV BauGB.

Ⓟ Anwendungsbereich des § 36 BauGB

Ⓟ Welches Gemeindeorgan ist für Entscheidung über das Einvernehmen zuständig?

Ⓟ Eröffnet § 36 II 3 BauGB ein Ermessen?

Ⓟ Rechtsschutzmöglichkeiten der Gemeinde, wenn ihr versagtes Einvernehmen ersetzt wird

3. Formgerechter Antrag auf Erteilung der Baugenehmigung, § 68 SächsBO/Form der Baugenehmigung, § 72 II 1 SächsBO

III. Materielle Anspruchsvoraussetzungen/materielle Rechtmäßigkeit

DIE WICHTIGSTEN PROBLEME – LÖSUNGSANSÄTZE

Ⓟ Verfahren – Anwendungsbereich des § 36 BauGB

H.M.: § 36 BauGB ist nur anwendbar, wenn die **Gemeinde nicht zugleich untere Bauaufsichtsbehörde** ist, d.h. wenn das Landratsamt untere Bauaufsichtsbehörde ist. Denn § 36 BauGB soll verhindern, dass ein Bauvorhaben realisiert wird, von dem die Gemeinde nichts weiß und das möglicherweise einen zukünftigen B-Plan der Gemeinde gefährdet. Diese Gefahr besteht aber nicht, wenn die Gemeinde selbst die untere Bauaufsichtsbehörde ist, da sie dann in jedem Fall Kenntnis von dem Bauvorhaben hat und dieses durch Maßnahmen nach §§ 14, 15 BauGB verhindern kann.
M.M.: § 36 BauGB ist **immer anwendbar**, weil dem Wortlaut der Norm eine Einschränkung, wie sie die h.M. vorsieht, nicht zu entnehmen ist.

Ⓟ Verfahren – welches Gemeindeorgan ist für die Entscheidung über das Einvernehmen zuständig?

Da es um den Schutz zukünftiger B-Pläne und damit um die Planungshoheit geht, ist richtigerweise der **Gemeinderat** zuständig, da er auch für den Erlass der B-Pläne zuständig ist (vgl. § 28 II Nr. 4 SächsGemO).

Ⓟ Verfahren – eröffnet § 36 II 3 BauGB ein Ermessen?

Nach dem Wortlaut (+) („kann"). Nach dem Sinn und Zweck (-), also gebundene Entscheidung. Verweigert eine Gemeinde nämlich rechtswidrig ihr Einvernehmen, gibt es keinen vernünftigen Grund, dieses nicht zu ersetzen. Das sieht auch der Landesgesetzgeber so (vgl. § 71 I SächsBO „ist … zu ersetzen").

Ⓟ Verfahren - Rechtsschutzmöglichkeiten der Gemeinde, wenn ihr versagtes Einvernehmen ersetzt wird

Ersetzt die gem. § 71 I, III 1 SächsBO zuständige Bauaufsichtsbehörde das versagte Einvernehmen und erteilt die Baugenehmigung, **muss** die Gemeinde **unstreitig** die **Baugenehmigung anfechten**, wenn sie das Bauvorhaben verhindern will; anderenfalls wird die Baugenehmigung nämlich bestandskräftig, sodass jeder Rechtsschutz zu spät kommt. **Strittig** ist, ob die Gemeinde **auch** die **Ersetzung ihres versagten Einvernehmens anfechten muss**. Die **Ersetzungsverfügung ist**, obwohl sie zwischen Bauaufsichtsbehörde und Gemeinde ergeht, ein **VA** wegen ihres Eingriffs in die Planungshoheit der Gemeinde, was für das Erfordernis einer Anfechtung spricht. Es lässt sich aber auch vertreten, dass die Ersetzungsverfügung nur ein Verfahrensschritt im Zusammenhang mit der Erteilung der Baugenehmigung ist, sodass sie gem. **§ 44a S. 1 VwGO** nicht anfechtbar ist.

Gutachten: In einer Klausur sind beide Ansichten gleich gut vertretbar. Man schneidet sich bei Bejahung des § 44a S. 1 VwGO auch kein Problem ab, da die Prüfung der Begründetheit der Anfechtungsklage gegen die Ersetzungsverfügung identisch ist mit derjenigen der Klage gegen die Baugenehmigung (Prüfung der in § 36 II 1 BauGB genannten Vorschriften).

PRÜFUNGSSCHEMA

SCHEMA MIT DEFINITIONEN

Baugenehmigung – Genehmigungsbedürftigkeit, bauliche Anlage i.S.v. § 29 I BauGB, Festlegung des Gebiets

I. Anspruchsgrundlage/Ermächtigungsgrundlage für die Baugenehmigung
§ 72 I SächsBO.

II. Formelle Anspruchsvoraussetzungen/formelle Rechtmäßigkeit

III. Materielle Anspruchsvoraussetzungen/materielle Rechtmäßigkeit

1. Genehmigungsbedürftigkeit, § 59 SächsBO
Errichtung, Änderung oder Nutzungsänderung einer Anlage i.S.v. § 2 I 4 SächsBO, insbes. **baulichen Anlage** i.S.v. § 2 I 1-3 SächsBO. Befreiung von Genehmigungspflicht nach **§ 61 SächsBO** (kleinere Bauwerke, Nutzungsänderungen und Instandhaltungsarbeiten) oder **§ 62 SächsBO** (Bauvorhaben wird im Bereich eines qualifizierten B-Plans errichtet und hält die Vorgaben des B-Plans ganz genau ein).

2. Genehmigungsfähigkeit

a) Vereinbarkeit mit dem Bauplanungsrecht

aa) §§ 14, 15 BauGB
§ 14 BauGB: Baugenehmigung wird abgelehnt.
§ 15 BauGB: Baugenehmigungsverfahren wird ausgesetzt.

bb) Bauliche Anlage i.S.v. § 29 I BauGB
Voraussetzungen: **Bauen und bodenrechtliche Relevanz** des Bauvorhabens.

DEFINITION
Bauen bedeutet, dass das Bauvorhaben in einer auf Dauer gedachten Weise künstlich mit dem Erdboden verbunden ist.

Bodenrechtliche Relevanz liegt vor, wenn das Bauvorhaben die Belange des § 1 VI BauGB berührt, wenn es unendlich häufig errichtet würde.

Gutachten: In einer Klausur nur definieren und subsumieren, wenn das Vorliegen einer baulichen Anlage fraglich ist, z.B. bei ganz kleinen Bauwerken. Ansonsten genügt ein Ergebnissatz, dass eine bauliche Anlage vorliegt.

cc) Festlegung des Gebiets
§ 30 BauGB: Bauen im Bereich eines B-Plans.
§ 34 BauGB: Bauen im unbeplanten Innenbereich.

DEFINITION
„Ortsteil“ ist ein Bebauungskomplex, der nach der Anzahl seiner Gebäude **Ausdruck einer organischen Siedlungsstruktur** ist. Faustformel: Mindestens 5-6 Gebäude.

DEFINITION
„Im Zusammenhang bebaut" verlangt eine tatsächlich aufeinander folgende Bebauung, die trotz eventuell bestehender Baulücken den **Eindruck der Geschlossenheit** vermittelt. Berücksichtigt werden nur Gebäude, die dem **ständigen Aufenthalt von Menschen** dienen, also nicht z.B. Ställe, Scheunen oder Gartenhütten. Faustformel: Lücke von 2-3 Bauplätzen zerreißt den Bebauungszusammenhang regelmäßig nicht.

§ 35 BauGB: Auffangvorschrift, erfasst alle Bauvorhaben, die nicht § 30 oder § 34 BauGB unterfallen.

SCHEMA MIT PROBLEMÜBERSICHT

Baugenehmigung – Voraussetzungen von § 30 BauGB

I. Anspruchsgrundlage/Ermächtigungsgrundlage für die Baugenehmigung

II. Formelle Anspruchsvoraussetzungen/formelle Rechtmäßigkeit

III. Materielle Anspruchsvoraussetzungen/materielle Rechtmäßigkeit

1. Genehmigungsbedürftigkeit, § 59 SächsBO

2. Genehmigungsfähigkeit

a) Vereinbarkeit mit dem Bauplanungsrecht

aa) §§ 14, 15 BauGB

bb) Bauliche Anlage i.S.v. § 29 I BauGB

cc) Festlegung des Gebiets
§§ 30, 34 oder 35 BauGB.

dd) Voraussetzungen von §§ 30, 34 oder 35 BauGB

(1) Voraussetzungen von § 30 BauGB
§ 30 I BauGB (sog. qualifizierter B-Plan):
Art der baulichen Nutzung: §§ 1-15 BauNVO.
Maß der baulichen Nutzung: §§ 16-21a BauNVO.
Überbaubare Grundstücksfläche: § 23 BauNVO.
Örtliche Verkehrsflächen: vgl. § 9 I Nr. 11 BauGB.
Erschließung = Anschluss an die Infrastruktur.

Ⓟ Art der baulichen Nutzung

§ 30 III BauGB (einfacher B-Plan): Prüfung wie bei § 30 I BauGB, soweit B-Plan Festsetzung enthält. Im Übrigen ergänzend § 34 oder § 35 BauGB prüfen.

(2) Voraussetzungen von § 34 BauGB

(3) Voraussetzungen von § 35 BauGB

ee) Ggf. § 33 BauGB

ff) Ggf. § 37 BauGB

gg) Ggf. § 246 XIV BauGB

b) Vereinbarkeit mit dem Bauordnungsrecht

c) Vereinbarkeit mit sonstigen öffentlich-rechtlichen Vorschriften

DIE WICHTIGSTEN PROBLEME – LÖSUNGSANSÄTZE

Ⓟ Voraussetzungen von § 30 BauGB – Art der baulichen Nutzung

Prüfungsreihenfolge:

1. **Regelbebauung**, Abs. 2 der §§ 2-9 BauNVO
2. Falls Regelbebauung (-)
   → **Ausnahmebebauung**, Abs. 3 der §§ 2-9 BauNVO.

   Sonderregel in § 246 XI, XIIIa BauGB („in der Regel" statt „können", also kein Ermessen, sondern intendiertes Ermessen).
3. Ungeschriebenes **Erfordernis der Gebietsverträglichkeit**
   Bauvorhaben darf nicht per se gegen den Charakter des Baugebiets verstoßen, vgl. Abs. 1 der §§ 2-9 BauNVO. Ist der Fall, wenn besonders sensible Bebauung in sehr unruhiger Umgebung entstehen soll oder besonders störendes Gebäude in sehr störungsanfälliger Umgebung entsteht.

   BEISPIEL: Wohnbebauung in Gewerbe- oder Industriegebiet.

   Gutachten: In Klausur nur ansprechen, wenn es Anhaltspunkte für Verstoß gibt.
4. § 15 I BauNVO oder § 31 II BauGB
   § 15 I BauNVO prüfen, wenn Bauvorhaben nach den ersten 3 Prüfungsschritten zulässig ist; § 31 II BauGB (Befreiung bzw. Dispens) im umgekehrten Fall prüfen.
   § 15 I 2 BauNVO (unzumutbare Belästigungen) verlangt Abwägung der Interessen des Bauherrn mit denjenigen der Nachbarschaft. Bzgl. **Lärmbelastungen** erfolgt **Grenzziehung durch TA Lärm** als normkonkretisierende Verwaltungsvorschrift.
   § 31 II BauGB beinhaltet **4 Voraussetzungen:** Grundzüge der Planung nicht berührt (= Befreiung darf B-Plan nicht zentrale Festsetzungen des B-Plans aushebeln), Befreiungsgrund (Nr. 1-3 alternativ), Vereinbarkeit mit öffentlichen Belangen (Interessenabwägung wie bei § 15 I 2 BauNVO), Ermessen („kann befreit werden"). Beachte: Spezialvorschriften in § 246 X, XII, XIIIa BauGB (Grundzüge der Planung spielen hier keine Rolle).

PRÜFUNGSSCHEMA

SCHEMA MIT PROBLEMÜBERSICHT

Baugenehmigung – Voraussetzungen von § 34 BauGB

I. Anspruchsgrundlage/Ermächtigungsgrundlage für die Baugenehmigung
II. Formelle Anspruchsvoraussetzungen/formelle Rechtmäßigkeit
III. Materielle Anspruchsvoraussetzungen/materielle Rechtmäßigkeit
  1. Genehmigungsbedürftigkeit, § 59 SächsBO
  2. Genehmigungsfähigkeit
    a) Vereinbarkeit mit dem Bauplanungsrecht
      aa) §§ 14, 15 BauGB
      bb) Bauliche Anlage i.S.v. § 29 I BauGB

cc) **Festlegung des Gebiets**
§§ 30, 34 oder 35 BauGB.

dd) **Voraussetzungen von §§ 30, 34 oder 35 BauGB**

(1) **Voraussetzungen von § 30 BauGB**

(2) **Voraussetzungen von § 34 BauGB**
Ⓟ Prüfungsreihenfolge

(3) **Voraussetzungen von § 35 BauGB**

ee) **Ggf. § 33 BauGB**

ff) **Ggf. § 37 BauGB**

gg) **Ggf. § 246 XIV BauGB**

b) **Vereinbarkeit mit dem Bauordnungsrecht**

c) **Vereinbarkeit mit sonstigen öffentlich-rechtlichen Vorschriften**

DIE WICHTIGSTEN PROBLEME – LÖSUNGSANSÄTZE

Ⓟ Voraussetzungen von § 34 BauGB – Prüfungsreihenfolge

1. § 34 II BauGB (sog. **faktisches Baugebiet**)
   Sieht Umgebungsbebauung aus wie ein Baugebiet i.S.v. §§ 2-11 BauNVO, sind die §§ 2-15 BauNVO sowie § 31 BauGB anzuwenden (Wortlaut des § 34 II BauGB: „Art“). Also **Prüfung wie im Bereich** des **§ 30 I BauGB** (s.o.).

2. § 34 I BauGB
   Zu prüfen, falls § 34 II BauGB nicht greift (= Umgebungsbebauung entspricht keinem Baugebiet i.S.d. BauNVO oder es geht nicht um die Art der baulichen Nutzung, sondern um das Maß oder die anderen in § 34 I BauGB genannten Merkmale). **„Einfügen“** i.S.v. § 34 I 1 BauGB verlangt, dass das Bauvorhaben zur Umgebungsbebauung passt. Bzgl. der Art der baulichen Nutzung bedeutet das, dass es vor allem **keine** zusätzlichen Lärmbelastungen verursachen darf (sog **bodenrechtliche Spannungen**) oder die Gefahr besteht, dass weitere ähnliche Bauwerke entstehen und sich damit die Umgebungsbebauung komplett ändert (sog. **negative Vorbildwirkung**, z.B. Spielhalle in einem Wohngebiet).

3. § 34 III BauGB
   Ein an sich nach § 34 I oder II BauGB zulässiges Vorhaben ist unzulässig, wenn es die in § 34 III BauGB beschriebenen schädlichen Auswirkungen hat. **„Zentrale Versorgungsbereiche“** sind die Innenstädte. **„Schädliche Auswirkungen“** liegen vor, wenn das Bauvorhaben die **Innenstädte erheblich schädigt**. Gemeint sind damit die großen Einkaufszentren am Stadtrand, die zu einer Verödung der Innenstädte führen können.

4. § 34 IIIa BauGB
   Befreiung von Anforderungen des § 34 I 1 BauGB (nicht von § 34 II BauGB), wobei die Voraussetzungen in § 34 III 1 Nr. 2, 3 BauGB identisch sind mit denjenigen in § 31 II BauGB.
   Sonderregel in § 246 VIII, XIIIa BauGB.

PRÜFUNGSSCHEMA

SCHEMA MIT DEFINITIONEN UND PROBLEMÜBERSICHT

Baugenehmigung – Voraussetzungen von § 35 BauGB

I. Anspruchsgrundlage/Ermächtigungsgrundlage für die Baugenehmigung

II. Formelle Anspruchsvoraussetzungen/formelle Rechtmäßigkeit

III. Materielle Anspruchsvoraussetzungen/materielle Rechtmäßigkeit

1. Genehmigungsbedürftigkeit, § 59 SächsBO

2. Genehmigungsfähigkeit

a) Vereinbarkeit mit dem Bauplanungsrecht

aa) §§ 14, 15 BauGB

bb) Bauliche Anlage i.S.v. § 29 I BauGB

cc) Festlegung des Gebiets
§§ 30, 34 oder 35 BauGB.

dd) Voraussetzungen von §§ 30, 34 oder 35 BauGB

(1) Voraussetzungen von § 30 BauGB

(2) Voraussetzungen von § 34 BauGB

(3) Voraussetzungen von § 35 BauGB
Ⓟ Prüfungsreihenfolge

ee) Ggf. § 33 BauGB

ff) Ggf. § 37 BauGB

gg) Ggf. § 246 XIV BauGB

b) Vereinbarkeit mit dem Bauordnungsrecht

c) Vereinbarkeit mit sonstigen öffentlich-rechtlichen Vorschriften

DIE WICHTIGSTEN PROBLEME – LÖSUNGSANSÄTZE

Ⓟ Voraussetzungen von § 35 BauGB – Prüfungsreihenfolge

1. § 35 I BauGB (sog. **privilegiertes Vorhaben**)
   Diese Bauvorhaben verursachen so starke Belastungen, dass sie zwingend im Außenbereich errichtet werden müssen.

   Zu § 35 I Nr. 1 BauGB siehe § 201 BauGB.

   Falls § 35 I BauGB (-) ➔ es greift **§ 35 II BauGB (sonstige Vorhaben)**.

2. § 35 III BauGB
Beeinträchtigt ein privilegiertes Vorhaben nach **§ 35 I BauGB** einen öffentlichen Belang, muss **zusätzlich noch** eine **Abwägung** zwischen diesem Belang und dem Zweck des privilegierten Vorhabens erfolgen. Dabei setzt sich wegen der mit § 35 I BauGB verbundenen Wertung, dass diese Vorhaben zwingend in den Außenbereich gehören, regelmäßig das privilegierte Vorhaben durch.
Wichtige öffentliche Belange sind **§ 35 III 1 Nr. 5, 7 BauGB**.

DEFINITION
Die **natürliche Eigenart der Landschaft** i.S.v. § 35 III 1 Nr. 5 BauGB schützt den Außenbereich vor einer **wesensfremden Nutzung**, wobei etwaige Vorbelastungen zu berücksichtigen sind.
„Wesensfremd" sind danach alle Bauwerke, die nicht (wie z.B. Bauernhöfe) natürlicherweise im Außenbereich vorkommen. „Vorbelastung" heißt, dass bereits vorhandene Bauwerke dem Außenbereich die Schutzwürdigkeit nehmen können.

Splittersiedlung i.S.v. § 35 III 1 Nr. 7 BauGB ist die **unorganische Streubebauung**, die dem – zumindest gelegentlichen – Aufenthalt von Menschen dient.
In dem Gebäude muss sich also ein Mensch aufhalten können. „Unorganisch" meint, dass die Bebauung nicht strukturiert, sondern willkürlich ist.

3. § 35 IV BauGB
§ 35 IV BauGB schließt bei bestimmten sonstigen Vorhaben i.S.v. § 35 II BauGB bestimmte beeinträchtigte öffentliche Belange i.S.v. § 35 III BauGB wieder aus (sog. **teilprivilegierte Vorhaben**).
Sonderregel in **§ 246 IX, XIII, XIIIa BauGB.**

PRÜFUNGSSCHEMA

SCHEMA

Baugenehmigung – §§ 33, 37, 246 XIV BauGB/Bauordnungsrecht/sonstige öffentlich-rechtliche Vorschriften

I. Anspruchsgrundlage/Ermächtigungsgrundlage für die Baugenehmigung

II. Formelle Anspruchsvoraussetzungen/formelle Rechtmäßigkeit

III. Materielle Anspruchsvoraussetzungen/materielle Rechtmäßigkeit

1. Genehmigungsbedürftigkeit, § 59 SächsBO

2. Genehmigungsfähigkeit

a) Vereinbarkeit mit dem Bauplanungsrecht

aa) §§ 14, 15 BauGB

bb) Bauliche Anlage i.S.v. § 29 I BauGB

cc) Festlegung des Gebiets
§§ 30, 34 oder 35 BauGB.

dd) Voraussetzungen von §§ 30, 34 oder 35 BauGB

ee) Ggf. § 33 BauGB
Ein an sich unzulässiges Bauvorhaben kann unter Berufung auf einen zukünftigen B-Plan doch noch zulässig sein. In einer Klausur ist die Norm gut an dem gem. § 33 I Nr. 3 BauGB erforderlichen **Plananerkenntnis** auszumachen.

ff) Ggf. § 37 BauGB
Befreit umfassend vom Bauplanungsrecht. Verlangt mit „besondere öffentliche Zweckbestimmung" eine **Standortgebundenheit des Bauvorhabens** (z.B. Anlagen nach § 37 II BauGB oder ein Fernsehturm).

gg) Ggf. § 246 XIV BauGB
Ebenfalls umfassende Befreiung von den Vorgaben des Bauplanungsrechts. Ist gegenüber § 246 VIII-XIII BauGB subsidiär. Ermessensausübung („kann") verlangt umfassende Abwägung aller widerstreitenden Interessen.

b) Vereinbarkeit mit dem Bauordnungsrecht
= Verstöße gegen die SächsBO. Beachte: Im vereinfachten Baugenehmigungsverfahren ist das Bauordnungsrecht gem. **§ 63 S. 1 SächsBO** weitgehend nicht zu prüfen.

c) Vereinbarkeit mit sonstigen öffentlich-rechtlichen Vorschriften
Gemeint sind Verstöße gegen das Straßenrecht oder Umweltrecht, die dazu führen können, dass ein Bauvorhaben nicht errichtet werden darf.

BEISPIEL: Bauvorhaben kollidiert mit einer Straßenplanung.

3. Teil: Drittanfechtung im Baurecht

Beachte: Anfechtungsberechtigt ist nach h.M. von vornherein nur der Eigentümer des Nachbargrundstücks (sog. dinglich Berechtigter), weil das Baurecht grundstücksbezogenes Recht ist und das Grundstück nur durch den dinglich Berechtigten repräsentiert wird. Zudem hat er – im Gegensatz zu Mietern und Pächtern (sog. obligatorisch Berechtigte) – eine engere Rechtsbeziehung zum Grundstück.

A. Zulässigkeit eines Rechtsbehelfs

Gutachten: Die Drittanfechtung bereitet bereits im Prüfungspunkt „Klage-/Antrags- oder Widerspruchsbefugnis" Probleme, weil der Nachbar nicht Adressat der Baugenehmigung ist und somit die sog. Adressatentheorie nicht greift. Stattdessen muss eine den Nachbarn schützende sog. drittschützende Norm vorliegen.

I. Drittschützende Normen im Bauplanungsrecht

1. Umstrittenes Bauvorhaben liegt im Bereich des § 30 BauGB

Drittschützend sind **§§ 2-14 BauNVO**, weil sie die Grundstückseigentümer im Bereich eines B-Plans zu einer sog. **bodenrechtlichen Schicksalsgemeinschaft** verbinden, d.h. jeder kann von jedem verlangen, dass er sich an den B-Plan hält. Damit kann jeder Grundstückseigentümer erreichen, dass das Baugebiet stets dasselbe bleibt (sog. **Gebietserhaltungsanspruch**). Tatsächlich merken muss der Nachbar von dem umstrittenen Bauvorhaben nichts, d.h. die §§ 2-14 BauNVO sind **generell drittschützend**.

§ 15 I 2 BauNVO verbietet unzumutbare Belästigungen der Umgebungsbebauung, verlangt folglich Rücksichtnahme auf die angrenzende Bebauung und ist deshalb eine **gesetzliche Ausprägung des Gebots der Rücksichtnahme**. Geschützt ist allerdings nur derjenige Nachbar, dem unzumutbare Belästigungen drohen (sog. **partieller Drittschutz**).

§ 31 II BauGB fordert mit dem Merkmal „Würdigung nachbarlicher Interessen" ebenfalls Rücksichtnahme auf die Umgebungsbebauung, vermittelt damit **Drittschutz i.V.m. dem Gebot der Rücksichtnahme**, ist aber – wie § 15 I 2 BauNVO – nur **partiell drittschützend**.

2. Umstrittenes Bauwerk liegt im Bereich des § 34 BauGB

§ 34 II BauGB verweist auf §§ 2-15 BauNVO sowie § 31 BauGB, sodass bzgl. des Drittschutzes in einem sog. faktischen Baugebiet das oben Gesagte gilt.

§ 34 I BauGB fordert mit dem Merkmal „in die Eigenart der näheren Umgebung einfügt" Rücksichtnahme auf die Umgebungsbebauung, vermittelt damit **Drittschutz i.V.m. dem Gebot der Rücksichtnahme**, ist aber – wie § 15 I 2 BauNVO und § 31 II BauGB – nur **partiell drittschützend**.

3. Umstrittenes Bauwerk liegt im Bereich des § 35 BauGB

§ 35 III 1 Nr. 3 BauGB schützt aufgrund der Legaldefinition des Merkmals „schädliche Umwelteinwirkungen" in **§ 3 I BImSchG** auch die Nachbarschaft, verlangt folglich Rücksichtnahme auf die angrenzende Bebauung und ist deshalb eine **gesetzliche Ausprägung des Gebots der Rücksichtnahme**. Wie auch bei § 15 I 2 BauNVO, § 31 II BauGB und § 34 I BauGB ist folglich mit § 35 III 1 Nr. 3 BauGB nur **partieller Drittschutz** verbunden.

II. Drittschützende Norm im Bauordnungsrecht

Einzig relevante drittschützende Normen im Bauordnungsrecht sind die **Abstandsflächenvorschriften des § 6 SächsBO**. Sie bezwecken den Schutz der Belichtung, Besonnung und Belüftung des angrenzenden Grundstücks und sind deshalb gegenüber dem unmittelbar angrenzenden Nachbarn (sog. **Angrenzer**) drittschützend. Da die einzuhaltenden Abstände ganz genau ausgerechnet werden, ist der Angrenzer sogar dann geschützt, wenn er von einem Verstoß gegen die Abstandsflächenregelungen tatsächlich gar nichts merkt (z.B. weil der einzuhaltende Abstand nur um 1 Zentimeter unterschritten wird). Folglich ist § 6 SächsBO **generell drittschützend**.

B. Begründetheit eines Rechtsbehelfs

Gutachten: Grundsätzlich ist nur ein Verstoß gegen die drittschützende Norm zu prüfen, weil sich der Kläger/Antragsteller nur darauf berufen kann. Wird aber im Bearbeitervermerk ein umfassendes Rechtsgutachten verlangt, ist die umstrittene Baugenehmigung komplett zu prüfen (= Ermächtigungsgrundlage, formelle und materielle Rechtmäßigkeit). Sollte sie rechtswidrig sein, muss im Prüfungspunkt „Rechtsverletzung" festgestellt werden, ob ein Verstoß gegen eine drittschützende Norm vorliegt.

Die Vorschriften, die Drittschutz über das Gebot der Rücksichtnahme vermitteln (also die partiell drittschützenden Vorschriften), sind nur verletzt, wenn sich im Rahmen einer **Interessenabwägung** herausstellt, dass die Interessen der Nachbarn Vorrang haben vor den Interessen des Bauherrn. Dabei dürfen nachteilige **Auswirkungen** des Bauvorhabens nur insoweit berücksichtigt werden, als sie **zwingend mit dem Bauwerk zusammenhängen** (insbesondere Lärm- und Geruchsbelastungen durch den Betrieb des Bauwerks). Nicht zu berücksichtigen sind Gefahren, die von den Bewohnern ausgehen, da diese nicht grundstücksbezogen, sondern verhaltensbezogen sind. Für diese letztgenannten Gefahren ist das Polizeirecht maßgeblich.

4. Teil: Eingriffsmaßnahmen der Bauaufsichtsbehörde

PRÜFUNGSSCHEMA

GRUNDSCHEMA BAURECHTLICHE GENERALKLAUSEL, EINSTELLUNG VON ARBEITEN, NUTZUNGSUNTERSAGUNG UND BESEITIGUNGSANORDNUNG

A. Baurechtliche Generalklausel, § 58 II 2 SächsBO

- **I. Anlage i.S.v. § 2 I 4 SächsBO**
- **II. Verstoß gegen öffentlich-rechtliche Vorschriften**
- **III. Verantwortlichkeit**
- **IV. Rechtsfolge: Ermessen**
  Gutachten: Die baurechtliche Generalklausel ist nur anzuwenden, wenn keine der nachfolgend dargestellten speziellen Eingriffsgrundlagen greift.

B. Einstellung von Arbeiten, § 79 I SächsBO

- **I. Anlage i.S.v. § 2 I 4 SächsBO**
- **II. Errichtung, Änderung oder Beseitigung im Widerspruch zu öffentlich-rechtlichen Vorschriften**
- **III. Verantwortlichkeit**
- **IV. Rechtsfolge: Ermessen**

C. Nutzungsuntersagung, § 80 S. 2 SächsBO

- **I. Anlage i.S.v. § 2 I 4 SächsBO**
- **II. Nutzung im Widerspruch zu öffentlich-rechtlichen Vorschriften**
- **III. Verantwortlichkeit**
- **IV. Rechtsfolge: Ermessen**

D. Beseitigungsanordnung, § 80 S. 1 SächsBO

- **I. Anlage i.S.v. § 2 I 4 SächsBO**
- **II. Errichtung oder Änderung im Widerspruch zu öffentlich-rechtlichen Vorschriften**
- **III. „nicht auf andere Weise rechtmäßige Zustände hergestellt werden können"**
- **IV. Verantwortlichkeit**
- **V. Rechtsfolge: Ermessen**

PRÜFUNGSSCHEMA

SCHEMA MIT DEFINITIONEN UND PROBLEMÜBERSICHT

A. Baurechtliche Generalklausel, § 58 II 2 SächsBO

I. Anlage i.S.v. § 2 I 4 SächsBO
„Anlage" meint vor allem bauliche Anlage i.S.v. § 2 I 1-3 SächsBO.

II. Verstoß gegen öffentlich-rechtliche Vorschriften
„Öffentlich-rechtliche Vorschriften" sind alle Vorschriften, die Anforderungen an das Bauwerk stellen. D.h. **inzidente Prüfung** eines Verstoßes gegen das **Bauplanungs-, Bauordnungsrecht und sonstige öffentlich-rechtliche Vorschriften**.

III. Verantwortlichkeit
Rückgriff auf §§ 14, 15, 17 SächsPBG.

IV. Rechtsfolge: Ermessen
Ⓟ Zulässige Ermessenserwägungen

B. Einstellung von Arbeiten, § 79 I SächsBO

I. Anlage i.S.v. § 2 I 4 SächsBO (s.o. Erklärung bei § 58 II 2 SächsBO)

II. Errichtung, Änderung oder Beseitigung im Widerspruch zu öffentlich-rechtlichen Vorschriften (s.o. Erklärung bei § 59 I 1 LBauO)

III. Verantwortlichkeit (s.o. Erklärung bei § 58 II 2 SächsBO)

IV. Rechtsfolge: Ermessen (Einstellung der Arbeiten)
Ⓟ Zulässige Ermessenserwägungen

C. Nutzungsuntersagung, § 80 S. 2 SächsBO

I. Anlage i.S.v. § 2 I 4 SächsBO (s.o. Erklärung bei § 58 II 2 SächsBO)

II. Nutzung im Widerspruch zu öffentlich-rechtlichen Vorschriften (s.o. Erklärung bei § 59 I 1 LBauO)

III. Verantwortlichkeit (s.o. Erklärung bei § 58 II 2 SächsBO)

IV. Rechtsfolge: Ermessen (Nutzungsuntersagung)
Ⓟ Zulässige Ermessenserwägungen

D. Beseitigungsanordnung, § 80 S. 1 SächsBO

I. Anlage i.S.v. § 2 I 4 SächsBO (s.o. Erklärung bei § 58 II 2 SächsBO)

II. Errichtung oder Änderung im Widerspruch zu öffentlich-rechtlichen Vorschriften (s.o. Erklärung bei § 59 I 1 LBauO)

III. „nicht auf andere Weise rechtmäßige Zustände hergestellt werden können"
= Prüfung der **Erforderlichkeit** der Beseitigungsanordnung.

IV. Verantwortlichkeit (s.o. Erklärung bei § 58 II 2 SächsBO)

V. Rechtsfolge: Ermessen (Abbruchsanordnung)
Ⓟ Zulässige Ermessenserwägungen

DIE WICHTIGSTEN PROBLEME – LÖSUNGSANSÄTZE

Ⓟ Zulässige Ermessenserwägungen

1. Langjähriges Untätigbleiben der Verwaltung hindert sie nicht an einem Einschreiten. Erst wenn sie dem Eigentümer positiv signalisiert, nicht handeln zu wollen (sog. **Duldung**), kann ein Einschreiten rechtswidrig sein.
2. Wegen Art. 3 I GG muss die Verwaltung **gleichmäßig gegen alle illegalen Bauwerke vorgehen**. Geht sie zunächst nur gegen einzelne Bauwerke vor, muss es dafür einen sachlichen Grund geben (z.B. dass die Behörde gerichtliche Auseinandersetzungen erwartet und deshalb zunächst einen Fall abschließend gerichtlich klären lassen will).
3. Bestandsschutz
   Ist ein Gebäude legal errichtet worden und aufgrund äußerer Umstände inzwischen illegal (z.B. Wohnbebauung ist an einen Gewerbebetrieb herangerückt, sodass dieser jetzt nicht mehr errichtet werden dürfte), bleibt das Gebäude in seiner Existenz geschützt. Ausreichend für Bestandsschutz ist ferner, wenn das Gebäude zwar ursprünglich illegal errichtet wurde, danach aber einen längeren Zeitraum legal war.
   Der Bestandsschutz erlischt schließlich etwa 2 Jahre nach Aufgabe der bestandsgeschützten Nutzung des Gebäudes.
4. Formelle und materielle Illegalität

DEFINITION
Formelle Illegalität meint, dass das Bauwerk nicht die erforderliche Baugenehmigung besitzt.
Die **formelle Illegalität** ist **immer Voraussetzung** für ein Einschreiten der Verwaltung. Solange nämlich ein Bauwerk durch eine Baugenehmigung geschützt ist, kann die Verwaltung dagegen nicht vorgehen (sog. **Legalisierungswirkung der Baugenehmigung**).

Gutachten: Die formelle Illegalität kann alternativ schon im Tatbestand bei dem Punkt „Verstoß gegen/Widerspruch zu öffentlich-rechtlichen Vorschriften" angesprochen werden.

DEFINITION
Materielle Illegalität meint, dass das Bauwerk nicht genehmigungsfähig ist, also inhaltlich gegen das Baurecht verstößt.
Die **materielle Illegalität** ist **Ausfluss der Verhältnismäßigkeitsprüfung** (Angemessenheit) und **erforderlich, wenn** das **behördliche Handeln sehr eingriffsintensiv** ist. Konkret muss die materielle Illegalität bei der eingriffsintensiven Abbruchsanordnung in der Regel vorliegen und bei den anderen (weniger eingriffsintensiven) Maßnahmen regelmäßig nicht.

Produktübersicht

Stand: September 2024

INTENSIV-Skripte ab dem 1. Semester

BGB AT	7. Auflage | 07/24
Schuldrecht AT	7. Auflage | 05/24
Arbeitsrecht	6. Auflage | 09/21
Grundrechte	8. Auflage | 04/24
Verwaltungsrecht AT	8. Auflage | 09/24
Verwaltungsprozessrecht	7. Auflage | 06/24
Strafrecht AT I	6. Auflage | 07/20
Strafrecht AT II	6. Auflage | 08/20
Strafrecht BT I	7. Auflage | 03/22
Strafrecht BT II	7. Auflage | 03/22
Strafrecht BT III	2. Auflage | 10/20

CRASHKURS ab dem Hauptstudium

Crashkurs Zivilrecht	9. Auflage | 09/23
Crashkurs Strafrecht	10. Auflage | 05/24
Crashkurs Öffentliches Recht	
Baden-Württemberg	10. Auflage | 01/24
Bayern	8. Auflage | 06/24
Berlin	10. Auflage | 09/24
Brandenburg	7. Auflage | 01/24
Hessen	10. Auflage | 02/24
Niedersachsen	8. Auflage | 06/24
Nordrhein-Westfalen	9. Auflage | 02/24
Rheinland-Pfalz	9. Auflage | 10/23
Saarland	8. Auflage | 09/24
Sachsen	8. Auflage | 08/24
Sachsen-Anhalt	9. Auflage | 06/24
Thüringen	8. Auflage | 02/24
Crashkurs Handels- und Gesellschaftsrecht - MoPeG	2. Auflage | 03/24
Crashkurs Arbeitsrecht	9. Auflage | 01/24

Lernmaterialien

Klausurblock 10er Pack	80 Seiten | 80g/m²

KOMPAKT ab dem 1. Semester / 3. Semester

Zivilrecht	4. Auflage | 06/24
Sachenrecht und gesetzl. Schuldverhältnisse mit allg. Schadensrecht	
Öffentliches Recht	
Bundesrecht	4. Auflage | 11/23
Baden-Württemberg	6. Auflage | 06/24
Hessen	6. Auflage | 02/24
NRW	5. Auflage | 10/23
Rheinland-Pfalz	5. Auflage | 11/22
Sachsen	5. Auflage | 09/24
Strafrecht	6. Auflage | 05/24

Schwerpunkt ab dem Hauptstudium

Steuerrecht	3. Auflage | 05/23
Völkerrecht	4. Auflage | 08/24

CRASHKURS Assex ab dem Referendariat

Crashkurs Assex Anwaltsklausur - Zivilrecht	6. Auflage | 04/24
Crashkurs Assex Anklage und Einstellung - S1-Klausur	2. Auflage | 03/24
Crashkurs Assex Strafurteil - S2-Klausur	7. Auflage | 03/24

Search

Jura Intensiv - Social Media

Instagram • juraintensiv

Tauche ein in die Welt der Rechtswissenschaft! Erhalte fundierte Informationen zu aktuellen Gerichtsentscheidungen, Examensreporten, Kursen und spannenden Auszügen aus unseren Karteikarten. Bleibe am Puls der Rechtsprechung und bereite Dich optimal auf Deine Prüfungen vor.

YouTube • Jura Intensiv

Deine Fragen, unsere Antworten! In unseren FAQ-Videos beantworten wir Deine wichtigsten Fragen. Erkunde verschiedene Fachgebiete mit unseren Jura-Videos und erweitere Dein Verständnis der Rechtswissenschaft. Entdecke unser Kursangebot und finde das passende für Dich.